WISSENSCHAFTLICHE BEITRÄGE
AUS DEM TECTUM VERLAG

Reihe Politikwissenschaften

AF617859

WISSENSCHAFTLICHE BEITRÄGE AUS DEM TECTUM VERLAG

Reihe Politikwissenschaften

Band 78

Roland Mierzwa

Die Realität von Hartz IV

Gegenwart und nachhaltige Perspektiven des Umgangs mit Armut

Tectum Verlag

Roland Mierzwa

Die Realität von Hartz IV. Gegenwart und nachhaltige Perspektiven des Umgangs mit Armut
Wissenschaftliche Beiträge aus dem Tectum Verlag:
Reihe: Politikwissenschaften; Bd. 78
© Tectum – ein Verlag in der Nomos Verlagsgesellschaft, Baden-Baden 2018
ISBN: 978-3-8288-4186-4
E-PDF: 978-3-8288-7087-1
ISSN: 1869-7186
Umschlagabbildung: Tectum Verlag, unter Verwendung des Bildes #110115200 von Alexander Raths | www.shutterstock.com

Druck und Bindung: Docupoint, Barleben
Printed in Germany
Alle Rechte vorbehalten

Besuchen Sie uns im Internet
www.tectum-verlag.de

Bibliografische Informationen der Deutschen Nationalbibliothek
Die Deutsche Nationalbibliothek verzeichnet diese Publikation in der Deutschen Nationalbibliografie; detaillierte bibliografische Angaben sind im Internet über http://dnb.d-nb.de abrufbar.

Vorwort

In dem 2011 veröffentlichten Buch „Soziale Aspekte des Leidens“ traute ich mich noch nicht zu Hartz IV Stellung zu beziehen, weil ich selbst 5 Jahre Hartz IV-Bezieher war, ebenso meine von mir geschiedene Frau mit den drei Kindern. Ich befürchtete Repressionen. Meine einzige Widerstandstätigkeit war eine ziemlich ausführliche Literaturliste für die Jahre 2004-2007 (Seite 12-15), die schon zeigte, dass ich Hartz IV nicht für akzeptabel hielt. Ich sah das Leid bei den Betroffenen durch die Ausgestaltung der Hartz IV-Regelungen und die Repressions- und Sanktionspraxis. Während meiner ehrenamtlichen Tätigkeit bei der Flensburger Tafel beriet ich viele Hartz IV-Bezieher, sah aber auch, dass das nicht wirklich weiterhalf. Durch eine besonders intensive Beratungstätigkeit bei einer alleinerziehenden Mutter mit 5 Kindern wurden mir die Unfreundlichkeit, Respektlosigkeit und Repressionen der „Behörde“ besonders eindrücklich deutlich. Ich musste extrem unerfreuliche Erfahrungen in Bezug auf meine Person machen, aber es gab auch von einem Hauptamtlichen kooperatives Verhalten bei der zweimaligen Ein-Euro-Job-Tätigkeit. Ich durfte z.B. ein von mir selbst definiertes Forschungsprojekt als Ein-Euro-Job machen. Hartz IV ist nicht reformierbar. Dies ist die These des Buches. Innerhalb von Hartz IV sind keine wirklichen menschenwürdigen Verbesserungen zu finden. Der „Geist“ der Agenda 2010 vergiftet die Mitarbeiter der Behörde und macht ein gutes Handeln im Interesse der Arbeitslosen eigentlich nicht möglich. Es mag zwar einzelne Mitarbeiter geben, die aufopferungsvoll und leidsensibel ihre Berufstätigkeit versehen, aber das System zwingt immer wieder zu Repressalien, die unwürdig sind. Die durch Hartz IV erzeugte Armut ist unerträglich. Das System Hartz IV ist ein Ausdruck von „struktureller Gewalt“ (vergl. Galtung, 1975; Grant-Hayford/Scheyer, 2016). Hier setzt der Vorschlag dieses Buches an. Er wirbt nicht nur für einen anderen Geist im Umgang mit Armen und Arbeitslosen, sondern er will auch eine Alternative vorstellen, die umfassende Reformanstrengungen verlangt. Das vorgestellte Gesamtpaket des Lösungsvorschlages müsste insgesamt realisiert werden, wenn Hoffnung für eine gute Zukunft für die Betroffenen bestehen und ein Ausstieg aus dem „workfare-System“ (vergl. Standing, 2015, 208ff.) gelingen soll.

Flensburg im Sommer 2018

Inhaltsverzeichnis

1. Die Realität von Hartz IV. Probleme und Herausforderungen

Mit der Etablierung einer „autoritär-aktivierenden Arbeitsmarktpolitik“ (Müller-Schoell/Aust, 2008, 10) mit „verschärften Zumutbarkeiten“, einer auf Entbehrung abzielenden Grundsicherung und einer „repressiven Sanktionspraxis“ ergeben sich verschiedene Probleme für Erwerbslose, aber auch geringfügig Beschäftigte. Sparpolitik, kurzfristige und kostengünstige Qualifizierungsinstrumente (vergl. dies., 19), unangemessen gewürdigte Eigenverantwortung machen für Betroffene die Hartz-Reform zu einer leidvollen Erfahrung. Die von Thomas Ebert (2012) gemachten Ausführungen zum post-sozialstaatlichen Grundmuster bei Hartz IV sind sehr idealtypisch. Sie bilden nicht den subjektiven Leidensdruck, die Angst, die Entbehrung bei der Hartz IV-Beziehern/-innen einerseits ab, andererseits werden nicht die realen Funktionsdefizite von Hartz IV problematisiert (vergl. S. 227-256; siehe aber S. 251 wo das repressive Moment von Hartz IV erwähnt wird). Friedhelm Hengsbach problematisiert das Zwangs- und Gewaltverhältnis der Eingliederungsvereinbarungen, die entwürdigende Behandlung der Betroffenen sowie deren Entrechtung (vergl. ders., 2012, 67 f.). Eine Untersuchung aus dem Jahre 2016 zeigt, dass das Sanktionsinstrumentarium gegenüber den Schwächsten und Geringqualifizierten besonders hart und repressiv ist (vergl. Zahradnik/Schreyer/Moczall/Gwschind/Trappmann, 2016). Dass dies nicht ohne psychische Folgen für die Arbeitslosen bleibt, ist stark anzunehmen (vergl. dazu u.a. Lau, 2012, 124).

1.1. Armut

Das Konzept der relativen Einkommensarmut zeigt, dass Armut schon dort beginnt, wo man sich keinen Internetanschluss rsp. einen Computer leisten kann (vergl. Schneider, 2015 b, 21). Aber das Konzept der relativen Einkommensarmut zeigt, dass es eine dynamische Bestimmung des Scheitelpunktes ist, ab wann jemand aus den Formen des gesellschaftlichen Miteinanders herausfällt. Heute kann die finanzielle Unfähigkeit, sich ein Smartphone anzuschaffen und nicht in sozialen Netzwerken eingebunden zu sein ein Armutsindikator sein. Mit dem Focus „relative Einkommensarmut" zu operieren, das bedeutet auch sehr kompetent, leidsensibel und empathisch (siehe auch ders., 49 f.) auf die Armut zu schauen. Dann sieht man, dass eine Frau, gut angezogen, seit Wochen immer mit demselben Outfit zur Tafelausgabe kommt, dass Kinder krank werden, wenn ein Ausflug oder ein Theaterbesuch der Schulklasse ansteht, dass Kinder und Jugendliche keine adäquate Winterbekleidung haben, dass zwar ein gut aussehender Mittelklassewagen vor der Haustür steht, dieser aber seit mehreren Wochen oder Monaten nicht mehr bewegt wurde, dass Erwachsene vom Stammplatz im Fußballstadion wegbleiben oder jemand seit zehn Jahren keine Woche Urlaub woanders gemacht hat (vergl. ders., 25; s.a. 45; vergl. auch Andresen/Galic, 2015, 37 f.). Die Formel der relativen Einkommensarmut wehrt sich entschieden dagegen Armut auf Elend zu reduzieren (vergl. Schneider, 2015 b, 34) und Arme nur in den „wirklich Bedürftigen" (vergl. ders., 38) zu sehen. Mit dem Blick auf die relative Einkommensarmut wird der Blick auf die Menschen gelenkt, die nicht mehr im gesellschaftlichen Zusammenleben mitgenommen werden (vergl. ders., 43 f.). Unter Rücksicht auf dieses Konzept der relativen Einkommensarmut wird durch Hartz IV die Armutsschwelle massiv unterschritten (vergl. ders., 46 f.).[1] Ja es verschärfte sich sogar zu den Bedingungen von Hartz IV die Armutssitua-

1 Ein Beitrag (Martens, 2015), der aufzeigt, dass Nutzer der Tafeln eine Bedarfslücke angesichts der Höhe des gesetzlichen Grundsicherungsniveaus zu schließen suchen, macht deutlich, dass Hartz IV die tatsächlichen Kosten eines Haushaltes nicht abdeckt, z.B. bei der Anschaffung einer Waschmaschine oder eines Kühlschrankes. Untersuchungen zeigen, dass der tatsächliche Schulbedarf nicht annähernd durch den Regelsatz aufgefangen wird. Und um ein Kind gesund und ausgewogen zu ernähren waren (Stand 2007) statt 3,42€ pro Tag mindestens 4,68€ notwendig (vergl. Wagner, 2008, 106). Stand 2018 sollten mit 2,77€ pro Tag Kinder bis zum sechsten Lebensjahr ernährt werden. Wissenschaftler sagen aber, dass für eine gesunde Ernährung mindestens vier Euro pro Tag notwendig seien (vergl. https://www.wunderweib.de/hartz-iv-Kindern-droht-mangelernaehrung-gesunde-ernaehrung-bei-aktuellem-regelsatz-unmoeglich-103034 abgerufen am 25.4.2018; vergl. auch Pressemitteilung der Universität Hohenheim vom 15.3.2018). Platta weist darauf hin, dass dem fixen Betrag

tion: „Während der Regelsatz in den vergangenen 10 Jahren um 16 Prozent gestiegen ist, gingen die Preise für Nahrungsmittel um 24 Prozent nach oben" (Dörfler/Fritzsche, 2016, 74). Weil die Ansparquote für die Anschaffung von Haushaltsgeräten wie Waschmaschine derartig niedrig im Regelsatz angesetzt ist, verschulden sich Hartz IV-Haushalte durch Darlehen, wenn neue Geräte angeschafft werden müssen (siehe im Schattenbericht der Nationalen Armutskonferenz in: **strassen**|feger 16.10.15, 24). Die Bahnpreise sind zwischen 2004 und 2008 um 25 Prozent gestiegen, zwischen 2011 und 2012 noch einmal um vier Prozent. In der Berechnung der Regelsätze werden diese Mobilitätskosten nur unzureichend berücksichtigt (vergl. Reif/Prüwer, 2014, 108). Im unteren Waren- und Dienstleistungssegment ist ein Preisanstieg im Gesamtzeitraum 1. Januar 2005 bis 30. September 2010 in Höhe von 46,61% zu konstatieren. Der Regelsatz hätte also im Spätherbst 2010 auf mindestens 505,81 Euro angehoben werden müssen. Aber die Bundesregierung billigte damals den Hartz IV-Beziehern/-innen lediglich 364 Euro zu. Das stellte eine Kürzung um rund 28% dar bzw. 141,81 Euro (vergl. Platta, 2012b, 163). Nach einer Caritas-Berechnung müsste der Regelbedarf 2018 für einen Single 60 Euro monatlich höher liegen. Diese Einschätzung kommt dadurch zustande, weil die Caritas statistische Schwachpunkte bei der Ermittlung des Existenzminimums zum Thema macht (vergl. Diekmann, 2018).

Alleinerziehende, zumeist Frauen (vergl. Diakonie, 2015, 13), sind zu einem hohen Prozentsatz Bezieher von SGB-II-Leistungen: „Von allen Alleinerziehenden-Haushalten beziehen knapp 40 Prozent Hartz IV. Von diesen wiederum erhalten 30 Prozent aufstockende Leistungen, sie sind also grundsätzlich erwerbstätig, verdienen aber zu wenig, um davon leben zu können" (Lenze, 2015, 9). Die damit verbundene materielle Armut kann zu Ausgrenzungserfahrungen beitragen (vergl. Diakonie, 2015, 5, Zitat 3; siehe auch im Schattenbericht der Nationalen Armutskonferenz in: **strassen**|feger 16.10.15, 3).

Es gibt eine große Zahl von Leistungsbeziehern aus dem Bereich des Niedriglohnsektors, der darüber hinaus wächst. So kommt es bei Beschäftigten mit geringfügiger Beschäftigung oder Unterhaltspflich-

in Höhe von 20,42 Euro (im Jahr 2010) für Mobilität eine Bus-Monatskarte in Göttingen in Höhe von 35 Euro, in Dresden in Höhe von 42,50 Euro oder im Landkreis Northeim in Höhe von fast 100 Euro gegenüberstehen (Platta, 2012b, 171).

ten trotz Mindestlohn zu Armut und ergänzenden Sozialleistungen (vergl. Diakonie, 2015, 11). Erwerbsarbeit schützt also nicht vor Armut und Hartz IV.

Mit den Langzeitbeziehenden im Hartz IV-System wird die verfestigte Armut besonders erfasst. Hierbei wird deutlich, dass es eine große Gruppe gibt, der ein nachhaltiger Ausstieg aus der Hilfebedürftigkeit weit seltener gelingt. Dabei taucht das Problem der Verschärfung sozialer Problemlagen auf wie auch das Problem der Vergrößerung der Arbeitsmarktferne, auch wenn diese Gruppe nicht inaktiv ist. Gefangen im Wechsel von Arbeitslosigkeit, Arbeitsförderung und prekärer Beschäftigung gelingt hier ein beruflicher und sozialer Aufstieg nur selten (vergl. DGB, 2013, 10). Es kommt zu einer Unterversorgung in anderen Lebensbereichen und zu einer Einschränkung gesellschaftlicher Teilhabe. Eine psychosoziale Belastung tritt hinzu. Leistungsbereitschaft und Motivation können allmählich in Resignation umkippen (vergl. ders., 11). Diese Menschen bekommen zu wenig nachhaltige Förderung. Wenig individuell abgestimmte Maßnahmen tragen zu einer Demotivierung bei den Betroffenen bei. Finanziell stellen sich Weiterbildungen für diese Zielgruppe im Vergleich zu Ein-Euro-Jobs eher als Nachteil dar und lähmen daher die Qualifizierungsbereitschaft.

Es gibt eine verdeckte Armut, weil Menschen Leistungen nicht in Anspruch nehmen, weil sie sich schämen oder nicht genau wissen, was ihnen zusteht – das sind 40% der Leistungsberechtigten (vergl. Schattenbericht der Nationalen Armutskonferenz in: **strassen**|feger 16.10.15, 6).

Armut verschärft sich als Armut, wenn es unter den Armen Betroffene mit einem Bildungsdefizit gibt, weil dieses einen Rückkoppelungseffekt auf den Lebensstil bzw. die Lebensbewältigung hat – z.B. ein wenig gesundheitsbewusster Lebensstil, kein aufgeklärtes und kontrolliertes Einkaufsverhalten, keine Bereitschaft zu Qualifizierungs- und Bildungsanstrengungen und fehlende soziale Ressourcen sowie Netzwerke.

Armut wird zur radikalen Armut, wenn mit Armut Einflusslosigkeit in Schlüsselbereichen wie Wirtschaft, Politik und Medien einhergehen, wenn die Armen in Foren nur unzureichend gehört werden und ihre verlorene Stimme nicht mehr als Skandal gesehen wird. Dadurch wird die Versuchung bei etablierten Bürgergruppen zu Marginalisierung, Ausgrenzung und Stigmatisierung von Armen leichter.

Die Kinderarmut ist ein besonderes Problem: „Armut hat (...) grundlegende negative Auswirkungen auf die Entwicklung des Sprach-, Seh- und Hörvermögens, des Zahlenverständnisses und soziale Fähigkeiten von Kindern". „Arme Kinder sind bei der Einschulung häufiger auffällig in ihrer Körperkoordination, können sich schlechter konzentrieren, sprechen schlechter die deutsche Sprache und können schlechter zählen als Kinder, die keine Leistungen nach dem SGB II beziehen" (Schattenbericht der Nationalen Armutskonferenz in: **strassen**|feger 16.10.15, 10). Kinder in Armut „haben ein schlechtes Bild von sich und halten wenig von der eigenen Meinung. Sie trauen sich nicht viel zu [...], erleben oft Misserfolge und haben das Gefühl, selbst schuld zu sein" lässt sich nach Reif/Prüwer (2014, 107) der World-Vision-Kinderstudie von 2010 entnehmen.

In die Beschreibung von Armut gehört auch der Verweis auf die „Erschöpfung" durch Armut, nicht nur wegen dem vergeblichen Bemühen um sozialen Aufstieg, sondern auch aufgrund der Belastungen, die physische und psychische Spuren bei den Betroffenen hinterlassen (siehe dazu Andresen/Galic, 2015, 16 f.).

1.2. Bedürftigkeitsprüfung

Mit der Bedürftigkeitsprüfung wird sehr intim in die privaten Verhältnisse des Bedürftigen vorgedrungen (vergl. Bednarek-Gilland, 2015, 55). Dabei werden nicht nur sehr exzessiv die Einkommensverhältnisse abgefragt (siehe das Geldgeschenk der Oma), sondern auch Freundschaftsbeziehungen in Wohngemeinschaften daraufhin befragt, ob hier vielleicht nicht doch eine Bedarfsgemeinschaft vorliegt. Es kommt schon vor, falls jemand von der Nachbarschaft angeschwärzt wurde, dass die Jobcenter nicht vor Hausbesuchen zurückschrecken (siehe hier auch Reif/Prüwer, 2014, 61ff., 134 und 145).

Bei der Bedürftigkeitsprüfung herrscht ein Machtgefälle, wo auf der einen Seite das Jobcenter sehr autoritär die Grenzen der Bedürftigkeit festlegt, auf der anderen Seite die Bedürftigen als Bittsteller auftreten. Nur ein gutes Gesprächsklima zwischen Bedürftigen und dem/der

Fallmanager/-in kann manchmal dazu beitragen, dass dieses Machtgefälle ausbalanciert wird (vergl. Voigtländer, 2015, 111). Kritische Bedürftige hinterfragen aber diese Beziehungen, wenn sie feststellen, dass nach dem „Nasenfaktor" entschieden wird.

Die Bedürftigkeitsprüfungen sind sehr stark formalisiert, so dass nur diejenigen besonders damit zurechtkommen, die die Formularsprache verstehen und sich auf das Antragsprozedere gut einstellen können. Dabei besteht eine Asymmetrie zwischen dem Geben und Nehmen von Information. Mitarbeitende der Jobcenter informieren häufig nur unzureichend darüber, was den Bedürftigen zusteht, aber es wird sehr extrem sanktioniert, wenn von Seiten des Bedürftigen nur unzureichend informiert wurde (vergl. Reif/Prüwer, 2014, 30-32; s.a. 110 f.; s.a. Ames, 2008, 66, T218 und Wagner, 2008, 90; zu Nichtinformationspolitik vergl. auch Lau, 2012, 118 und Herr Hinz bei Andresen/Galic, 2015, 131).

Die Bedürftigkeitsprüfungen verursachen Schuldgefühle bei den Betroffenen. Sie treiben Betroffene in die Depression. Außerdem tragen sie zu einer doppelten Victimisierung der Betroffenen bei, wenn von einem Jobcenter in einem Bedürftigkeitsprüfungsprozedere abschlägig entschieden wird – von Armut betroffen (erste Victimisierung), werden die Armen dann nicht als so bedürftig hingestellt (zweite Victimisierung). Die Bedürftigkeitsprüfungen lassen den Schrei der Armen verstummen, bringen die Armen zum Schweigen, weil sie eine Deutungshoheit über Bedürftigkeit/Armut für die Behördenseite herstellen.

Schließlich spaltet die Bedürftigkeitsprüfung die Bevölkerung und untergräbt das Solidaritätsbewusstsein in der Bevölkerung, wenn zwischen weniger stark Bedürftigen unterschieden wird. Bedürftigkeitsprüfungen tragen zu einer emotionalen Immunisierung der Bevölkerung gegenüber den Armen bei – nur noch die „wirklich Bedürftigen" verdienen dann das Mitgefühl.

Der Hintergedanke der strengen Bedürftigkeitsprüfung ist der des „dreisten Sozialschmarotzers". Damit sind die Bedürftigkeitsprüfungen ein Baustein einer gewissen Verachtung der Armen. Dazu aber mehr im nächsten Abschnitt.

1.3. Verachtung der Armen

Hinter der Formel „Fördern und Fordern“ verbergen sich gegenüber den Arbeitslosen machtvolle Sanktionsinstrumente der Jobcenter zu deren Disziplinierung. Dahinter verbirgt sich wiederum eine mühsam kaschierte – siehe die tatsächliche Realität des „Förderns“ (vergl. Schattenbericht der Nationalen Armutskonferenz in: **strassen**|feger 16.10.15, 25) – Verachtung der Armen. Mit diesen rigiden Sanktionsmechanismen kann nur deswegen in den Jobcentern operiert werden, weil das Bild vom „faulen Arbeitslosen“ in den Köpfen ist (vergl. dazu Dietz, 2016, 300-306). Es werden fehlende Arbeitsplätze (vergl. dazu Bäcker/Neubauer, 2012, 634) zum Problem der Arbeitslosen gemacht, wenn man sich die Misere der (Langzeit)Arbeitslosigkeit damit erklärt, „dass die Arbeitslosen sich eben nicht genügend angestrengt hätten“ (Dörfler/Fritzsche, 2016, 77). Der Umgangston mit „Hartzern“ ist deswegen häufig so respektlos, weil gedacht wird: „Unten ist, wer dumm, faul und unmoralisch ist“ (Dörfler/Fritzsche, 2016, 77). Der Schritt von der Verachtung der Armen, wenn etwa der Unterschicht der Makel angehängt wird, dass sie nicht bürgerliche Werte teilt und den Erfordernissen der Leistungsgesellschaft nicht nachkomme, hin zu deren Dämonisierung ist nicht weit. So werden zum Beispiel Arme und Langzeitarbeitslose zu einer Problemgruppe für die Demokratie[2] erklärt oder Arbeitslose erfahren die Stigmatisierung des „dreisten Sozi-

2 Diesen Aspekt muss man differenziert und feinfühlig betrachten. Es ist schon ein anderer Zungenschlag in der öffentlichen Diskussion, wenn darauf hingewiesen wird, dass Arbeitslose als Wahlverweigerer Demokratieverweigerer sind oder wenn sensibel erkannt wird, dass die Wahlverweigerung in abgehängten Milieus bzw. einer vermeintlichen „Unterschicht“ damit zusammenhängt, dass diese Gruppe der Gesellschaft durch die offizielle Politik in der repräsentativen Demokratie wenig Wertschätzung erfährt. Folgende Darstellung des Sachverhaltes scheint mir angemessen zu sein, ohne dass es hierbei zu einem „Einprügeln“ auf die Armen und Benachteiligten abrutscht: Auch bei den letzten Wahlen bestätigte sich der Trend von vorherigen Wahlen – ein großer Teil der typischen Nichtwähler kommt aus dem sozial schwachen Milieu, lebt in prekären Verhältnissen, ist arbeitslos, hat einen niedrigen Bildungsstand oder ist ganz einfach arm, manchmal zutiefst arm: „Die Wahlbeteiligung sinkt, je prekärer die Lebensverhältnisse in einem Stadtviertel oder Stimmbezirk sind. Konkret bedeutet das. Je größer der Anteil der sozial schwächeren Milieus, je höher die Arbeitslosigkeit, je schlechter die Wohnverhältnisse und je geringer der Bildungsstand und die durchschnittliche Kaufkraft in einem Stadtteil

alschmarotzers" (vergl. Dörfler/Fritzsche, 2016, 78). „Die Abwertung der Armen untergräbt (…) den gesellschaftlichen Zusammenhalt: Zerrbilder" von Armen führen dazu, dass diese nur noch als „Parasiten, Schmarotzer und Abzocker" betrachtet werden; und das ist wiederum „Ausdruck einer Gesellschaft, die Menschen nur noch nach ihrem Nutzen für die Wirtschaft beurteilt" (Dörfler/Fritzsche, 2016, 79).[3]

---

oder Stimmbezirk, umso geringer ist die Wahlbeteiligung" (Vehrkamp, 2016). In manchen Stadtteilen von Städten wie Kaiserslautern (vergl. Petermann, 2017) oder Köln (vergl. Butterwegge, 2014, 34) oder Berlin glaubt niemand mehr daran, dass die Politiker etwas ändern werden, um die konkrete Not abzuwenden. Manche Wissenschaftler beobachten eine „zunehmende soziale Spaltung der Wählerschaft" (Vehrkamp, 2015). Parallelwelten der politischen Partizipation bilden sich heraus, die auch die sozialen Bewegungen nur unzureichend kompensieren können. Und der Blick in die Wahlprogramme zeigt, es wird Politik für die Wählenden, nicht für das ganze Volk gemacht (vergl. Kaeding/Pieper/Haußner, 2015). In abgehängten Stadtteilen /Stimmbezirken waren im Wahlkampf keine Stände der Parteien zu sehen bzw. sozial Benachteiligte wurden weniger kontaktiert (vergl. dies.). Und manche Studien zeigen, dass mit der sinkenden Wahlbeteiligung der sozial Schwachen, Arbeitslosen und Armen auch die Politik sich verändert – es wird z.B. weniger Umverteilungspolitik betrieben bzw. nur eine Umverteilungspolitik betrieben, die vom Median-Wähler gewünscht ist (vergl. dies.; s.a. Schäfer, 2013, 563). Und abgerundet wird dieses Bild durch herablassende Beschreibungen des „Unterschicht"-Milieus durch profilierte Politiker (vergl. Tagesspiegel 13.12.2013; s.a. eine Aufzählung von solchen Zitaten durch Marc Brost und Mark Schieritz im Interview mit dem Arbeitsminister Hubertus Heil in der ZEIT vom 12.4.18, 6). Dazu kommt, dass die Nichtwähler die Demokratie als „Demokratie ohne Wähler" sehen und infolge der geringen Repräsentation der Bevölkerung die innere Legitimität der gewählten demokratischen Institutionen anzweifeln. Das kann zu einer weiter sinkenden Wahlbeteiligung führen (vergl. Vehrkamp, 2016). Wahlverweigerer handeln nach Dirk Jörke (2017), wie viele Thesen zu Nichtwählern nahelegen, nicht irrational, sondern zeigen eine verzweifelte Form der Rationalität. Da in Zeiten der Postdemokratie durch die Wahl kaum mehr noch eine inhaltliche Programmierung der Politik bewirkt werden kann, die Politik immer weniger an Chancengerechtigkeit und Gleichheit interessiert ist, die Nichtwähler sich nicht mehr mit der durch die Wahl gestifteten Gemeinschaft der „Demokraten" identifizieren können, scheint es für sie sinnlos zu sein, sich an dem Ritual Wahl zu beteiligen. Die Nichtwahl, der Wahlboykott, ist ein Appell, hier in der Politik etwas grundlegend zu korrigieren (vergl. S. 114-117).

3 Siehe auch die Ausführungen von Ch. Butterwegge zur Westerwelle-Methode (2015, 71-76) und Sarrazin-Methode (2015, 76-80). Vergl. auch das 8. Kapitel in: Reif/Prüwer (2014, 159ff.). Siehe auch Platta (2012 a, 32-36), der eine verbale Menschenverachtung dokumentiert.

1.4. Benachteiligung psychisch Kranker

Die gesundheitliche Einschränkung bei ALG II-Empfängern/-innen wird in der öffentlichen Diskussion eher unterzeichnet. Nach einer Selbsteinschätzung der Arbeitslosen ALG II-Empfänger/-innen ist gegenüber einer Studie des IAB der Prozentsatz derer höher, die sich in ihrer Gesundheit eingeschränkt sehen (vergl. DGB 2010, 5 f.).

Es gibt bei der psychischen Beeinträchtigung von ALG II-Empfängern/-innen einen signifikanten Unterschied zwischen Aufstockern und arbeitslosen ALG II-Empfängern/-innen – sie ist höher bei arbeitslosen ALG II-Empängern/-innen (vergl. IAB-Kurzbericht 23/2014, 3, Tab. 1).[4]

Bei Erwerbslosen besteht eine erhöhte psychische Verletzlichkeit. So berichtet die Techniker Krankenkasse „für die Jahre 2000 bis 2009 über eine Zunahme von Fehlzeiten bei Erwerbslosen aufgrund diagnostizierter psychischer Störungen um insgesamt 107%. Den psychischen Krankheitsursachen kommt bei der Gruppe der Erwerbslosen laut BKK die zweitgrößte Bedeutung zu. Fast jeder 4. AU-Tag wurde im Jahr 2008 bei Erwerbslosen durch psychische Erkrankungen verursacht" (DGB, 2010, 8). Neuere Zahlen belegen: „Mehr als jeder dritte Hartz-IV-Empfänger ist wegen psychischer Störungen in Behandlung" (Süddeutsche.de 31.10.2013).[5] Dies ist nicht nur verursacht durch die allgemeine Belastung „Arbeitslosigkeit", sondern auch die Belastungsparameter, die sich durch die Ausgestaltung von Hartz IV und die repressive Praxis der Jobcenter ergeben (vergl. Frau Schmidt in: Bednarek-Gilland, 2015, 55).

„Arbeitslose tauchen insgesamt häufiger in den deutschen Statistiken der Suchtkrankenhilfe auf. Überproportional häufig werden sie deswegen ambulant aber auch im stationären Bereich behandelt. Während der Erwerbslosigkeit traten vermehrt Alkoholerkrankungen auf. Auch der Tabakkonsum sei bei arbeitslosen Männern und Frauen häufiger als bei Erwerbstätigen, unter den Erwerbslosen seien zudem sehr viele starke Raucher auszumachen" (DGB, 2010, 8). Diese Suchtphänomene können auf den Stressfaktor Arbeitslosigkeit einerseits zurückge-

---

4 http://doku.iab.de/kurzber/2014/kb2314.pdf abgerufen am 10.2.17.

5 http://www.sueddeutsche.de/wirtschaft/studie-zu-erkrankungen-von-hartz-iv-empfaengern-arm-arbeitslos-psychisch-krank-1.1808052 abgerufen am 10.2.17.

führt werden; sie können aber auch, wie beim Alkoholkonsum, Ausdruck einer depressiven Verfassung sein.

Höhere Depressionswerte unter Arbeitslosen werden an den zwischen 2000 und 2009 verordneten Antidepressiva – insbesondere bei Frauen – einerseits deutlich (vergl. DGB, 2010, 9, Abb. 3), andererseits an dem Zusammenhang einer erhöhten Suizidneigung im Zusammenhang mit Arbeitslosigkeit – jeder fünfte Suizid steht direkt oder indirekt mit Arbeitslosigkeit in Verbindung (vergl. der Freitag [Politik] 16.6.2015).[6] „Dass sich unter den Bezieher/-innen/-n von Arbeitslosengeld II die 45- bis 54-Jährigen zu einem besonders hohen Anteil seelisch stark belastet erleben, dürfte daraus folgen, dass in dieser Altersgruppe die Hoffnung, den Lebensunterhalt wieder durch Erwerbsarbeit sichern zu können, am geringsten ist, aber die Perspektive, aus der Arbeitslosigkeit in den gesellschaftlich anerkannten Status des ′Ruhestandes′ wechseln zu können, trotzdem in weiter Ferne liegt" (Ames, 2008, 45, [Tab. 23]). Wo keine Hobbys bestehen, wird sehr viel stärker unter depressiven Gefühlen gelitten, auch wenn Hobbys das depressive Gefühlsleben nicht vollständig abfedern können (vergl. Ames, 2008, 49).

Nun machen aber Berichte aus der Praxis der Jobcenter in dem Umgang mit dem Problem psychische Erkrankung deutlich, dass in den Jobcentern dieses unzureichend wahrgenommen wird, die davon Betroffenen weniger respektvoll anerkannt werden, zum Teil tabuisiert werden (vergl. Ames, 2008, 44, T93 und T104; Lenhart, 2009, 72; vergl. auch eine vage Andeutung bei Hannemann, 2015, 102)[7] und das Sanktionsinstrumentarium gegenüber psychisch Erkrankten in nicht geringem Umfang rücksichtslos, in verletzender und die Menschenwürde nicht achtender Weise angewendet wird. Bei dem letzten Aspekt hat der Autor selbst eigene negative Erfahrungen machen müssen.

6 http://www.hartziv.org/news/20150616-selbstmord-jeder-5-suizid-bedingt-durch-arbeitslosigkeit.html abgerufen am 10.2.17.

7 Siehe aber auch den Hinweis über einen konstruktiven Umgang mit einer Depression durch das Jobcenter (vergl. Bednarek-Gilland, 2015, 50 f.).

1.5. Hartz IV-Empfänger/-innen werden eher verwaltet

Eine hessische Jobcenter-Angestellte berichtet, dass sie im Durchschnitt 350 bis 380 Menschen gleichzeitig betreut. Wenn ein Kollege krank und in Urlaub ist, „dann steigt die Zahl der zu Unterstützenden auf über 700" (Reif/Prüwer, 2014, 47). Für den Jobcenter Mitte (in Berlin R.M.) steht die Zahl 450-500 Kunden/-innen im Raum – Oktober 2006 (vergl. Lenhart, 2009, 41). Für intensivere Betreuung ist hier keine Zeit. Und so sagte eine Betreuerin in Bezug auf ein Ehepaar mittleren Alters, von dem beide Partner seit sieben Jahren arbeitslos und hinsichtlich ihrer Jobchancen resigniert sind: „Um die zu unterstützen, bräuchte es Zeit. Die beiden bräuchten Vermittler, die sich intensiv um sie kümmern, sie nicht nur mit irgendwas beschäftigen, sondern tatsächlich unterstützen, mit Arbeitgebern Kontakt aufnehmen etc." (Zitat in: Reif/Prüwer, 2014, 48). „Auch jemand, den die Stellensuche am Computerterminal im Jobcenter überfordert, würde die Mitarbeiterin gern besonders betreuen: ´Den müsste ich doch ständig einladen, mit ihm zusammen Stellen raussuchen. Aber dafür habe ich keine Zeit. Ihn lade ich nur ein Mal im halben Jahr ein; individuelles Eingehen auf die Kunden ist nicht möglich. (…)`" (dies., 49).

Aber nicht nur die schiere Zahl der zugeteilten „Kunden" führt zum Verwalten. Auch der große Zeitaufwand, mit dem die Arbeitsvermittler mit administrativen Dingen beschäftigt sind, führt in eine Verwaltungsspirale (vergl. Hannemann, 2015, 31). Dadurch, dass sie sich durch eine Unmenge an Dienstanweisungen kämpfen müssen, kommen sie immer weniger dazu, sich mit den tatsächlichen Menschen und ihren Problemen zu beschäftigen (vergl. dies., 141).

Arbeitslose werden besonders dann von den Sachbearbeitern wenig betreut, wenn beim Filterprozess herauskommt, dass diese keine besondere „Marktnähe" aufweisen. Gänzlich verwaltet werden dann diejenigen, die nur noch als „Betreuungskunden" angesehen werden. Das sind vor allem diejenigen, deren „Angebotsprofil" erhebliche Vermittlungshemmnisse (Mobilität, Gesundheit, Qualifikation bzw. Dequalifizierung, aber auch Schulden, Alter und Geschlecht) aufweist bzw. wo kaum Vermittlungschancen gesehen werden.

Dass die Betroffenen mehr verwaltet als unterstützt werden, zeigt sich an diversen Maßnahmen, die mehr darauf hinauslaufen, gute

Zahlen zu liefern. Durch „die Einführung des internen Controlling-Systems wurden peu à peu aus den Menschen Zahlen, auch in den Köpfen vieler Jobcentermitarbeiter" (Hannemann, 2015, 8). Mit dem Controlling ist die Menschlichkeit verloren gegangen (dies., 138). Viele bearbeitete „Fälle" sind noch lange kein Indiz dafür, dass Menschen wirklich auf- und weitergeholfen wurde rsp. diese nachhaltig qualifiziert bzw. diese in den Arbeitsmarkt integriert wurden (vergl. dazu Reif/Prüwer, 2014, 54f.; s.a. 72; s.a. Ames, 2008, 86, T190; Hannemann, 2015, 33 f. und 139).

Verwalten drückt sich unter Umständen auch darin aus, dass bei den Betreuern rsp. Fallmanagern die für eine erfolgreiche Vermittlungsfähigkeit sehr gute Kenntnis der Berufszweige nicht vorliegt, um wirklich zielgerichtet bei der Stellensuche oder Qualifikation unterstützend tätig werden zu können. Es scheint „System" zu sein, dass wenig kompetente Mitarbeiter in den Jobcentern sitzen (vergl. Voigtländer, 2015, 109 f.).

Wenn gesagt wird „Wir werden behandelt wie Vieh" bzw. „Wir werden wie der letzte Dreck behandelt" (Lenhart, 2009, 84),[8] dann erhält dieses Verwalten einen diskriminierenden Stempel.

1.6. Ein-Euro-Jobs

Die Ein-Euro-Jobs wurden anfangs in großem Umfang zur Aktivierung von Arbeitslosen eingesetzt. Inzwischen ist dieses Programm nicht mehr sehr bedeutsam (vergl. O-Ton Arbeitsmarkt 30.8.2016).[9]

Der Ersatzarbeitsmarkt der Ein-Euro-Jobs scheint Missbrauch und Mitnahmeeffekte von Seiten der Arbeitgeber bzw. den Anbietern herauszufordern. „Wie der Bundesrechnungshof und die Innenrevision der Agentur für Arbeit festgestellt haben, wurden durch Ein-Euro-Jobs sozialversicherungspflichtige Arbeitsplätze zugunsten der billigen Helferlein vernichtet und der Wettbewerb in einigen Branchen verschärft (…). Die Kriterien von Gemeinnützigkeit, Zusätzlichkeit und Wettbe-

8 Bei dem Beispiel von Frau Gomez (vergl. Andresen/Galic, 2015, 113) hat dies noch nicht den diskriminierenden Touch, aber ist nahe daran.

9 http://www.o-ton-arbeitsmarkt/o-ton-news/gute-ein-euro-jobs-schlechte-ein-euro-jobs abgerufen am 30.4.18.

werbsneutralität wurden nicht immer eingehalten: Laut Bericht des Bundesrechnungshofs 2008 wurde in zwei Dritteln der untersuchten Fälle mindestens gegen ein Kriterium verstoßen. Bei den beanstandeten Tätigkeiten handelte es sich etwa um ′Reinigungsarbeiten in öffentlichen Verkehrsmitteln oder Gebäuden oder leichte Bürotätigkeiten in Verwaltungen′ (...). In einer DGB-Studie von 2009 gaben 45 Prozent der befragten Ein-Euro-Jobber an, dieselbe Tätigkeit zu verrichten wie ihre ′richtigen′ Kollegen, und 25 Prozent sagten, für ihre Tätigkeit sei eigentlich eine entsprechende Ausbildung erforderlich (...)" (Reif/Prüwer, 2014, 88 f.; s.a. Ames, 2008, 129; s.a. Wagner, 2008, 156).[10]

Eine nachhaltige fachliche Qualifizierung ist in Ein-Euro-Jobs weniger möglich gewesen. Es werden eher niedrigschwellige Qualifikationen wie „Gabelstaplerschein", „Allgemeinbildung" zu einer „fachgerechten Möbelmontage", „Pflege- und Medizin-Kurs" oder „1-wöchiger Grundkurs in MS-Office" vermittelt. Dennoch glaubten auch einige Ein-Euro-Jobber während ihres Jobs eine Qualifizierung erhalten zu haben, die ihnen nützt (vergl. Ames, 2008, 97 f.; s.a. Bednarek-Gilland, 2015, 87 f.).

Über die konkrete Qualifizierungsfrage hinaus zeigte eine Umfrage in Baden-Württemberg, dass „von denjenigen, deren Ein-Euro-Job beendet war, (...) nur knapp 24 Prozent an dessen Nutzen (glaubten R.M.), knapp 53 Prozent glaubten entschieden nicht daran" (Ames, 2008, 99). Eine IAB-Untersuchung fand aber heraus, dass ehemalige männliche Jobber in Westdeutschland „zu – je nach Altersgruppenzugehörigkeit – maximal 1,5 Prozentpunkten häufiger reguläre Arbeit gefunden (haben R.M.) als die männlichen Nicht-Jobber. Bei den westdeutschen Frauen war die 'Beschäftigungswirkung' von Ein-Euro-Jobs etwas günstiger. Der Anteil der ehemaligen Joberinnen im Alter zwischen 25 und 34 Jahren, die zwei Jahre später reguläre Arbeit hatten, lag sogar um 4,3 Prozentpunkte höher als der Anteil der Nicht-Jobe-

10 Eine umfassende Fundamentalkritik der Ein-Euro-Jobs findet sich bei Wagner (2008, 109ff.). Dabei wird u.a. angemerkt: „Über diesen Weg soll erreicht werden, dass sich der erwerbslose Selbstunternehmer daran gewöhnt, dass sowohl jede Arbeit als auch jeder Armutslohn für ihn akzeptabel ist, die ihm angeboten werden, damit endlich der von den neoliberalen Ökonomen lang ersehnte Niedriglohnsektor im Namen der 'Dienstleistungsgesellschaft' expandieren kann" (S. 110).

rinnen“ (Ames, 2008, 99). Eine nähere Diskussion zeigt aber, dass bei der IAB-Untersuchung die Lebenssituation der Frauen unzureichend hinterfragt wurde und womöglich Frauen die keine und weniger betreuungsbedürftige Kinder haben mit besseren Arbeitsmarktchancen stärker berücksichtigt wurden.

Befragte, die Erfahrung mit Ein-Euro-Jobs hatten und nicht an deren Nutzen glaubten, begründeten dies unter anderem damit, dass die Tätigkeiten in den Ein-Euro-Jobs zu anspruchslos waren, eine Unterforderung darstellten bzw. die Anforderungen des Ein-Euro-Jobs nicht der beruflichen Qualifikation/Perspektive entsprechen (vergl. Ames, 2008, 100 f.).

Wenn der Ein-Euro-Job etwas passgenauer gewählt wurde, dann sahen aber manche Ein-Euro-Jobber die Chance gute Erfahrungen zu sammeln oder beruflich fit zu bleiben. Andere sahen darin eine Brücke zu zukunftsfähigen Umschulungen/Berufen (vergl. Ames, 2008, 103). Aber auch die Hoffnung (für verbesserte Bewerbungschancen) wurde aufrechterhalten (vergl. Ames, 2008, 105).

Ein IAB-Kurzbericht aus dem Jahre 2015 legt nahe, dass die Qualität der Ein-Euro-Jobs dahingehend gestiegen ist, dass infolge einer sorgfältigeren Vergabepraxis die Heranführung an den Arbeitsmarkt etwas besser gelingt (vergl. Moczall/Rebien, 2015).

Ein-Euro-Jobs sind/waren bedeutsam für Menschen, „die durch ihre Arbeitslosigkeit sehr isoliert waren und eher resigniert in die Zukunft geschaut haben. Durch die Maßnahme konnten sie wieder Kontakte zu anderen knüpfen und somit ihre Perspektive subjektiv als verbessert betrachten“ (Reif/Prüwer, 2014, 143). Insgesamt verbesserte sich bei Langzeitarbeitslosen durch Arbeitsgelegenheiten der psychische Gesundheitszustand (vergl. Bednarek-Gilland, 2015, 89 f.).

Aber es ist ein Problem, „wenn die Betroffenen um jeden Preis in Maßnahmen arbeiten wollen und aus diesem Grund auf ihre Defizite fokussiert bleiben“ (Bednarek-Gilland, 2015, 100). Dieses „Programmdenken“, also das Denken in Defiziten, um eine Programmteilnahme zu ergattern, verbaut Schritte hin zu dauerhafter und sozialversicherter Erwerbsarbeit.

Ein-Euro-Jobs für Flüchtlinge sind in sich widersprüchlich. Sie sollen Flüchtlingen „erste Einblicke in den deutschen Arbeitsmarkt“ bieten, sind aber von den „förderrechtlichen Anforderungen (...) weit weg von dem, was in der normalen Wirklichkeit des Arbeitsmarktes passiert" (so Prof. Stefan Sell) (vergl. O-Ton Arbeitsmarkt 30.8.2016).

1.7. Benachteiligung von Frauen

Besonders Frauen fühlen sich von der Arbeitsverwaltung unter Druck gesetzt. So leiden „die Frauen unter den Befragungsteilnehmer/-innen (in Baden-Württemberg R.M.) (…) mit einem Anteil von über 66 Prozent noch häufiger sehr oder ziemlich stark unter dem Druck und der Bevormundung durch die Arbeitsverwaltung als die Männer (…)" (Ames, 2008, 33). „Von den Frauen, die mit zwei oder mehr Kindern zusammenleben, leiden besonders viele, nämlich 79 Prozent unter dem Druck und der Bevormundung durch das Jobcenter". Dabei leiden besonders die Mütter mit älteren Kindern (78 Prozent) unter dem Druck und der Bevormundung durch die Jobcenter (vergl. dies., 33). Das drückt sich in einer tiefen Empörung aus (vergl. Lenhart, 2009, 58 und 61).

Alleinerziehende beklagen gehäuft, „unter dem Druck zu stehen, in stärkerem Umfang erwerbstätig sein zu sollen, als es mit den Bedürfnissen der Kinder und den eigenen Kräften vereinbar ist" (Ames, 2008, 123; s.a. Lenhart, 2009, 44, Anm. 48; auch Andresen und Galic [2015, 51] problematisieren eine fehlende Sensibilität für die notwendige Betreuung von Kindern bei Repräsentanten der Arbeitsvermittlung). Ihre Situation ist prekär, weil die Betreuungsinfrastruktur nur wenig entwickelt ist und die Kosten hierfür im Ermessensspielraum des Jobcenters liegt (vergl. Butterwegge, 2015 b, 42; 2015 c, 223).

Die „Schwächeren", mit wenig sozialem und kulturellem Kapital ausgestatteten Frauen wurden (in Berlin-Mitte in der Anfangsphase R.M.) besonders schlecht betreut und hatten die meisten Schwierigkeiten, „nicht nur die ihnen zustehenden Hartz IV-Leistungen zu erhalten, sondern auch die Betreuung im Sinne der arbeitsmarktpolitischen Förderung zu erhalten" (Lenhart, 2009, 101).

Die institutionelle Sicht auf die Agentur Mitte (Berlin R.M.) zeigt darüber hinaus, dass Frauenfragen (bis 2006 R.M.) als „Kür" behandelt wurden, als nachrangig angesichts der unzähligen Probleme im Tagesgeschäft und dem stetigen Verwaltungsauf- bzw. –umbau (vergl. Lenhart, 2009, 45). Dass die Frauenfrage weiterhin „Kür" bei den Jobcentern zu sein scheint, macht der Arbeitslosenreport deutlich, der von der Freien Wohlfahrtspflege NRW im Dezember 2017 vorgelegt wurde (vergl. Rüger, 2017).

Es kam vor der Hartz-Reform häufiger vor, dass die Frau Arbeitslosenhilfe bezog und der Mann Erwerbstätiger war. Nun aber verschwinden unter Hartz IV Ansprüche an die Verwaltung bzw. es bestehen deutlich geringere Ansprüche auf das Arbeitslosengeld II. „Für die betroffene (weibliche) Person werden damit auf Grund des Leistungsauschlusses/der Leistungsreduktion die finanziellen Konsequenzen von Arbeitslosigkeit refamiliarisiert, d.h. die Abhängigkeit vom Partner/dem Familienkontext gestärkt" (Aust, 2008, 78; s.a. Lenhart, 2009, 81 [Elfriede H.]). Das hatte zuweilen leidvolle Konsequenzen (vergl. Lenhart, 2009, 77).

Durch die finanziell erbärmliche Situation unter Hartz IV sahen sich manchmal Frauen dazu genötigt, sich zu prostituieren. Das macht ein Interview bei Lenhart (2009, 88) deutlich.

Und so verwundert es nicht, dass Frauen vom Verlust an Lebensfreude häufiger betroffen sind als Männer (vergl. Ames, 2008, 124; s.a. Lenhart, 2009, 93). Besonders wenn Frauen drei bis fünf Jahre ohne Erwerbsarbeit sind, sind sie psychisch sehr belastet (vergl. Ames, 2008, 46, Tab. 24). Hierbei ist anzumerken, dass Frauen weniger stark auf ein seelisch entlastendes soziales und politisches Engagement zurückgreifen (vergl. dies., 52). Entspannend für die Situation der Frauen ist es hingegen, wie stark sie in ein soziales (Unterstützer-) Netz eingebunden sind und wie gut die Qualität der sozialen Beziehungen ist (vergl. Lenhart, 2009, 111).

1.8. Benachteiligung von Obdachlosen

Obdachlose sind nicht sehr stark im Blickpunkt der Gesellschaft. Deswegen versuchen Straßenmagazine auf die Probleme und die Lebenswelt von Obdachlosen aufmerksam zu machen – auch das Straßenmagazin HEMPELS. Hier wird darauf hingewiesen, dass die Obdachlosigkeit in Deutschland (vergl. die Abbildung in Nr. 262 2/2018, 21) und in Europa zunimmt (Nr. 253 5/2017, 8). Dabei gibt es viel versteckte Obdachlosigkeit – „viele Obdachlose verstecken sich und versuchen aus Scham nicht aufzufallen". Sie leben in Autos, in Gartenlauben und übernachten im Wald (vergl. das Gespräch mit der Geografin Sandra Schindlauer in: Nr. 247 11/2016, 17). Es besteht bei Obdachlosen eine besondere „Schutzlosigkeit" (vergl. Nr. 238 2/2016, 12; Nr. 250 2/2017, 15). Dass extrem viele Heimkinder „reihenweise auf der Straße" landen wird problematisiert (vergl. Nr. 253 5/2017, 4). Obdachlose (Frauen) flohen vor der Gewalt und erdrückenden Lebensumständen, sind aber auch wiederum der Gewalt ausgesetzt (vergl. Sina Worm in: Nr. 250 2/2017, 16ff.; s.a. Nr. 252 4/2017, 8; Nr. 262, 2/2018, 20). Die durchschnittliche Lebenserwartung bei längeren Obdachlosen liegt gerade einmal bei 47 Jahren (vergl. Nr. 262 2/2018, 20). In einer Diskussionsrunde vor den Wahlen, moderiert durch Peter Brandhorst, mit Vertretern und einer Vertreterin der Wohlfahrtsverbände auf der Ebene des Bundeslandes Schleswig-Holstein wurde nun auf das Problem hingewiesen, dass es sehr wichtig sei, Wohnraum für Obdachlose zu schaffen; aber es ist ebenso wichtig, den Mut und die Leidenschaft aufzubringen, Obdachlose wieder in die Gesellschaft zurückzuholen (vergl. hier Nr. 252 4/2017, 17).

Unter Hartz IV hat sich die Situation der Obdachlosen drastisch verschlechtert – das macht der Autor Richard Brox in einem Interview deutlich. Dort sagt er u.a.: „Vor Hartz-IV hatten wir Obdachlose auf der Straße ja also immer ein paar Euros übrig, wenn der Abend rum war. Unser Leben war ja hauptsächlich geprägt durch Tagelöhnertätigkeiten, weniger durch Betteln. Nach Hartz-IV wurden die Gelder drastisch reduziert. Es gab zum Beispiel keine einmaligen Beihilfen mehr. Wenn zum Beispiel unterwegs mal ein Rucksack kaputtging oder eine Hose kaputtging, konnte man früher zum Sozialamt, bekam dann eine Hose oder eine Jacke oder was. Das gibt es alles nicht mehr. Jetzt haben die Menschen auf der Straße plötzlich weniger Geld und damit konnten viele nicht umgehen. (…)" (Brox/Meyer, 2017).

Auch kommt man unter dem Hartz IV-Regime nicht an eine würdige Übernachtungsmöglichkeit, als Obdachloser – wieder Richard Brox im Interview: „Gehen Sie zum Jobcenter, Sie werden grundsätzlich abgewiegelt, wenn es um das Thema geht einer Unterkunft und einer Pension. Man weist Ihnen ein Zimmer in einer Notunterkunft zu, dort sind Sie vielleicht mit zehn Mann auf einem Zimmer, haben einen nassen Alkoholiker darauf, einen Junkie, der voll auf Druck ist, haben einen Psychopathen drauf, der eine unbehandelte psychische Erkrankung hat, oder einen Glücksspielsüchtigen, da kommen Sie mittenrein. (…) Da haben Sie Halligalli, da ist Showtime!" Er weist darauf hin, dass ein bedingungsloses Grundeinkommen den Obdachlosen die Möglichkeit geben würde, sich in eine Billigpension (Monteursbude) einzumieten.

1.9. Angst unter Hartz IV-Empfängern/-innen

Wenn an verschiedenen Stellen allgemein über die Angst in der Gesellschaft geredet wird, dann kommt die Angst unter Hartz IV-Empfänger/-innen nahezu nicht in den Blick. Vage ist diese zu entdecken, wenn von der Angst der Leiharbeiter usw. und beim Prekariat gesprochen wird, worunter auch „Aufstocker" sein können (vergl. hier Werner/Goehler, 2010, 133ff.).

Die Angst unter Hartz IV-Beziehern ist getränkt von Misstrauensvorwürfen durch Jobcenter Mitarbeiter/-innen, durch eine durch eine vorurteilsbelastete Sprache signalisierte Nicht-Zugehörigkeit zur (Mitte) der Gesellschaft, durch „Distanzierung" von Jobcenter-Mitarbeiter/-innen von guten Gründen der Leistungsempfänger/-innen.

Verschiedene Autoren weisen darauf hin, dass die rigide und unbarmherzige Sanktionspraxis (vergl. Reif/Prüwer, 2014, 146-153) rsp. Sanktionsandrohungspraxis der Jobcenter Angst unter den Hartz IV-Empfängern/-innen heranzüchtet (vergl. dies., 75, 111 f., 156; s.a. Ames, 2008, 32 [T316], 44 [T203, T332] und Lenhart, 2009, 80 und 88).[11] Aus dieser Angst resultiert auch ein bis um das Zwanzigfache erhöhtes Suizidrisiko unter Hartz IV-Beziehern (vergl. Reif/Prüwer, 2014, 74). Aber auch ein nicht immer zielgerichtetes Bewerbungsverhalten ist ein Resultat dieser Angst (vergl. dies., 114). Um die Soll-Zahl von z.B. 10 Bewerbungen im Monat zu erfüllen wird Masse

11 Das Beispiel von Frau Schmidt bei Antje Bednarek-Gilland (2015, 65-67) individualisiert und psychologisiert die Angst. Es werden personale Lösungsstrategien der Krisenbewältigung mittelbar empfohlen. Das „System der Angst" als zu Veränderndes wird ausgeblendet (vergl. S. 81).

statt Klasse bei den Bewerbungen produziert und sich in „sinnlosen“ Bewerbungsanstrengungen verausgabt (vergl. dies., 119 f.).

Dadurch, dass die Leistungen zum Teil nicht pünktlich flossen, hatten Betroffene eine erhebliche „Existenzangst“ (vergl. Lenhart, 2009, 69, 76 und 89).

Angst diszipliniert die Menschen und verführt sie zu kurzatmigen Verhalten. Angst reduziert die Solidaritätsbereitschaft.

Angst trägt zu einer Erschütterung des Vertrauenskapital bis hin zu einem Verlust des Vertrauens bei. Ein hohes Vertrauenskapital ist z.B. bei ehrenamtlich Engagierten festzustellen. Und so wird dadurch auch die Bereitschaft zum ehrenamtlichen Engagement ausgehöhlt.

1.10. Hartz IV und Scham

Stefan Selke (2013/2015) und Antje Bednarek-Gilland (2015, 37ff.) zeigen auf, dass mit Hartz IV auch eine Beschämung der Menschen einhergeht (zu Scham vergl. auch Ammicht Quinn, 2007). Es geht vielfach von anderen das Signal aus, dass man als Hartz IV-Bezieher/-in nicht wirklich zur Gesellschaft gehört – es wird beschämt. Das „Gerede“ über Hartz IV-Bezieher/-innen beschämt und verstärkt eine schon bestehende Scham. Aus Scham verbergen sich die armen Menschen und ziehen sich aus den sozialen Bezügen zurück. Besonders Männer, die erwerbslos sind, überkommt eine Scham angesichts ihrer Arbeitslosigkeit, weil Erwerbsarbeit sehr stark mit ihrer Identität zusammenhängt. Und so isoliert Scham und macht einsam. Scham führt letztendlich dazu, sich selbst auszugrenzen. Das Grundgefühl, „nicht mehr mithalten zu können“, löst Scham aus. Mit der Scham gehen einher eine Selbstabwertung rsp. negative und resignative Selbstidentifikationen. Auf dem Land kann Armut anstrengender und beschämender sein. Aus der Scham heraus werden Leistungsansprüche nicht geltend gemacht. Aus der Scham erstirbt Protest bei Menschen und sie weichen in konformes Verhalten aus. Vertreter des aktivierenden Sozialstaates spielen mit der Scham der Armen, um eine grassierende Anspruchsmentalität einzudämmen. Indem Hartz IV-Bezieher/-innen öffentlich (z.B. in den Medien) an den Pranger gestellt werden, werden sie psychisch gebrochen. Mit dem Gefühl, dass man sich etwas zu

Schulden kommen ließ, kommt man dann zu einem persönlichen Wertverlust. Der „Gesichtsverlust" beschämt. „Damit sind Scham und Beschämung der deutlichste Ausdruck einer Kultur, die Menschen nicht länger als selbstbestimmte Subjekte anerkennt, sondern als manipulierbare Objekte benutzt" (Selke, 2013/2015, 46). Mit dieser Interpretation der Bedeutung von Scham stehe ich im Gegensatz zu A. Honneth, der in Gefühlsreaktionen der Scham auf eine erfahrene Missachtung das Potential zum motivationalen Anstoß eines Kampfes um Anerkennung sieht (vergl. Honneth, 1992/1994, 224).

1.11. Fehlende nachhaltige Bildung und Qualifizierung

Schon bei Schülern wird nicht auf eine nachhaltige Bildung geachtet bzw. an einer nachhaltigen Qualifizierung gearbeitet, die auf eine nachhaltige Integration in den Ewerbsarbeitsmarkt abzielt. Berater drängen Gymnasiasten unter den Hartz IV-Beziehern in die (bezahlte) Ausbildung, um die Hilfebedürftigkeit zu beenden. Der Weg zum Abitur wird teilweise nicht vom Jobcenter unterstützt (vergl. Reif/Prüwer, 2014, 136).

Und es besteht auch nahezu kein Spielraum für Jugendliche/junge Erwachsene sich etwas durch einen Ferienjob für das Studium dazu zu verdienen (vergl. Ames, 2008, 37, T70).

Statt auf eine nachhaltige Kompetenzerweiterung der Erwerbsarbeitslosen hin zu arbeiten, wird viel zu häufig und viel zu schnell auf das scheinbar schnelle Erfolgsziel Zeitarbeitsfirma hin vermittelt. Dabei kommt es nicht selten vor, dass man hier ein paar Qualifizierungsstufen niedriger eingestuft beschäftigt wird, so dass man durch die ständige und wiederholte Beschäftigung in Zeitarbeitsfirmen langsam eine Dequalifizierung erfährt.

Bei den über 50jährigen greifen nahezu keine substantiellen Weiterbildungsangebote mehr. Man verweigert ihnen zum Teil die Qualifizierung.

Trainings sind sehr oberflächliche Angebote, um Soft Skills zu verbessern (vergl. Reif/Prüwer, 2014, 90). Viele Trainings sind aber auch „Leerlauf"-Veranstaltungen (vergl. dies., 139; s.a. Hannemann, 2015, 61). Mit dem Angebot von Trainingsmaßnahmen weichen die Jobcenter auch der Nachfrage nach qualifizierten Fortbildungen aus (vergl. Reif/Prüwer, 2014, 149; s.a. Ames, 2008, 85 f. [T95], 86 [T353], 112). Maßnahmen werden häufig „von der Stange" en gros von den Jobcentern eingekauft und dann infolgedessen gar nicht so selten zwangsweise mit Teilnehmern aufgefüllt (vergl. Hannemann, 2015, 60).

In den Ein-Euro-Jobs wird gar nicht so selten unterfordernd beschäftigt und gar manches Qualifizierungsangebot im Rahmen eines Ein-Euro-Jobs trägt nicht zu einer vertieften Kompetenzerweiterung bei (vergl. Ames, 2008, 98, T66). Und es ist ein Problem, wenn Ein-Euro-Jobber aufgrund von (hohem) Alter und geringer Bildung (Hauptabschluss!) nicht zu substantiellen Fortbildungen zugelassen werden (vergl. Ames, 2008, 112 [T280], s.a. 84 [T35]).

Lediglich bei Bildungsmaßnahmen, die auf verbesserte EDV-Kenntnisse abzielten schätzten in Baden-Württemberg 15,6% der Befragten (n=32) ein, dass sich die Arbeitsmarktchancen verbessert haben und 43,8% gaben an, dass sie etwas Neues gelernt haben. Bei der Kombination Bewerbungstraining, grundlegende EDV-Kenntnisse, Eignungsfeststellung und betrieblichem Praktikum in einer Maßnahme gaben 50% der Befragten (n=20) an, dass die Arbeitsmarktchancen verbessert wurden. Bei Maßnahmen mit berufsfachlichen Inhalt sahen 30,8% (n=13) verbesserte Arbeitsmarktchancen und 53,8% der Befragten bemerkten, dass sie Neues gelernt hätten (vergl. Ames, 2008, 109, Tab. 59). Wenn Maßnahmeteilnehmer Supermarkt „spielen" müssen (vergl. Reif/Prüwer, 2014, 139), dann trägt das nicht zu einer tiefen Qualifizierung bei, weil keine Echtherausforderung besteht.

Wenn mit Angst in die Qualifizierungsmaßnahmen hineingetrieben wird, dann baut sich keine nachhaltige Weiterbildungsmotivation auf. Wenn mit von den Arbeitslosen nachgefragter Qualifizierung nicht konstruktiv umgegangen wird, dann ist das kontraproduktiv für die in Hinsicht für das lebenslange Lernen so wichtige intrinsische Motivation. Wenn die Suche nach einer Berufsperspektive entlang einer für sich selbst entdeckten Berufung nicht gefördert, ja sogar verunmöglicht wird, dann wird die Motivation für Bildung für einen Beruf ausgehölt. Der Druck, schnell wieder in den Arbeitsmarkt zu kommen, führt dazu, dass die Menschen den Blick für nachhaltige Bildungswege verlieren.

1.12. Soziale Desintegration

„Nach der Einkommensarmut steht das Gefühl gesellschaftlicher Ausgrenzung an zweiter Stelle der von den Befragungsteilnehmer/-innen wahrgenommenen Belastungen ihrer Lebenslage. 63 Prozent leiden ziemlich oder sehr stark unter diesem Gefühl, (...)" (Ames, 2008, 27; siehe dazu auch Selke, 2013/2015, 131 f.).

Die Befragung zeigt, es gibt eine Korrespondenz zwischen dem Gefühl gesellschaftlicher Ausgrenzung und der Belastung durch Geldnot (vergl. Ames, 2008, 28, Tab. 14). Man kann deswegen z.B. nicht oder weniger an Unternehmungen mit Freunden teilnehmen oder Gäste bewirten (vergl. dies., 41).

Und die Befragung zeigt es gibt eine Korrespondenz zwischen dem Gefühl gesellschaftlicher Ausgrenzung und die Belastung durch die fehlenden Möglichkeiten, die eigenen Fähigkeiten einzusetzen (vergl. Ames, 2008, 28, Tab 15). Dieser Zusammenhang ist noch herausgehobener als bei der Geldnot.

Ein weiterer Baustein der sozialen Desintegration ist dort zu sehen, wo die Fäden zu den Nächsten (Freunden und Bekannten) dünner, brüchiger werden, mehr ausfransen, weil sich die Gesprächsthemen, Erfahrungen und Sorgen Erwerbstätiger und Erwerbsloser voneinander entfernen (vergl. dies., 124; s.a. 41). Männer machen eine besondere Ausgrenzungserfahrung, weil sie nicht mehr an dem Integrationsfeld „Erwerbsarbeitsplatz" teilnehmen können (vergl. Bednarek-Gilland, 2015, 36 f.).

Schließlich werden Transferleistungsbezieher/-innen politisch ins Abseits gedrängt. Sie werden durch die gemachte Politik nicht mehr mit ihren Nöten repräsentiert und können z.B. aufgrund der geringen finanziellen Spielräume für Mobilität nicht aktiv an Politik teilnehmen. Sie gehen seltener wählen (vergl. Butterwegge, 2015 b, 52; s.a. 2015 c, 246 f.).

2. Ethische Perspektiven

In Anlehnung auf den Hinweis von Krebs auf eine (notwendige) Komplexität der Gerechtigkeitskultur (vergl. dies., 2002, 128 f.) möchte ich eine Komplexität der Ethikkultur entfalten, um den Herausforderungen gerecht zu werden, die sich aus der Sichtung der Problemlage von Hartz IV ergeben.

2.1. Anerkennungskultur

In Bezug auf Hartz IV-Empfänger besteht eine komplexe Vorurteilskultur (vergl. Dietz, 2016, 306ff.). Diese mündet in eine gruppenbezogene Menschenfeindlichkeit. Sie befinden sich in der Gesellschaft unterhalb der gesellschaftlichen Respektabilität (vergl. Reif/Prüwer, 2014, 177 f.). Eine Anerkennungskultur ist daher notwendig.

Der erste Anerkennungsschritt besteht darin, das Antlitz des Nächsten wieder zu entdecken (vergl. Levinas, 1992, 65). Dazu muss man den anderen wirklich sehen, ihm aufrichtig und anteilnehmend in die Augen schauen. Ein Antlitz ist mehr als nur ein Gesicht. Im Antlitz ist der Mensch gekennzeichnet vom Leben. Im Antlitz wird die Lebenslage eines Menschen sichtbar. Im Antlitz spiegelt sich die durch das Leben gewordene Persönlichkeit. Eine Anerkennungspraxis angesichts des Antlitzes bedeutet Respekt vor dem Leben des Nächsten zu haben. Und erst, wenn wir des Antlitzes gewahr werden, werden wir für Mit-Leid, Mit-Gefühl und Mit-Freude fähig werden. Statt nur ein Gesicht zu sehen und vielmehr einem Antlitz sich auszusetzen, deutet auf eine Sensibilität für die Lebenslage des Nächsten hin, denn eines Antlitzes gewahr zu werden, bedeutet „tiefer" zu sehen, „näher" am Nächsten dran zu sein und achtsamer für das Befinden des Nächsten zu sein. Daraus ergeben sich ganz andere Potentiale für die Anerkennungspraxis. Worte und Lebensäußerungen des Nächsten werden tiefer und zugleich umfassender verstanden. Das Empfinden des Lebens, das beim Anderen besteht, wird für einen nachvollziehbarer. Dadurch erhalten Werte wie Menschenwürde und Menschenrechte einen an den konkreten Menschen anschlussfähige Bedeutungsebene. Eine Verletzung der Menschenrechte kann man erst angesichts des Antlitzes konstatieren. Das ist Ausdruck einer Anerkennungskultur. Erlebte Menschenfeindlichkeit zeigt sich angesichts des Blickes auf ein Antlitzes, wenn der Schmerz, der dadurch entsteht, sich in diesem abzeichnet. Und man muss den Blick auf das Antlitz gehabt haben, um zum Handeln gedrängt zu werden. Im sichtbar-Werden eines Antlitzes (z.B. des Antlitzes eines durch Gewalt traumatisierten Menschen) bauen sich Optionen zum Handeln auf. Ohne diese Anerkennungspraxis angesichts eines Antlitzes entsteht nicht der moralisch-ethische Handlungsraum. Mit dem Antlitz erwachsen Imperative: Du darfst nicht töten! Du darfst nicht verachten! Du darfst nicht ausgrenzen! Du darfst nicht in die Isolation treiben! Du darfst nicht demütigen! (siehe nochmal Levinas, 1992, 65).

Auf einer Sitzung des Flensburger Spendenparlaments wurde davon gesprochen, dass Armut (bei Kindern) sichtbar wird an den Schuhen. Gar mancher Bedürftiger, der in der Schlange an der Tafel ansteht, erzählt mir, er fühlt sich obszön angegafft, aber nicht als Mensch gesehen. Eine Mutter mit einem minderjährigen behinderten Kind, die Hartz IV-Empfängerin ist, erzählt, dass ihre Fallmanagerin nicht ihre Beschwernisse mit dem behinderten Kind sieht und achtet und fast schon verachtend sagt, das behinderte Kind sei nur ein Vorwand, um nicht flexibel dem Arbeitsmarkt zur Verfügung stehen zu müssen. Damit sind wir bei der Bedeutung und starken Betonung des „Blicks“ rsp. des „Sehens“ für eine Anerkennungspraxis (vergl. Todorov, 1996, 23, 39, 73, 75, 78, 80, 84 f., 97, 101 f.). Sehen im Anerkennungsprozess, das bedeutet, dass man jemanden überhaupt erst zur Kenntnis nimmt, so wie er ist, so wie seine Lage ist, ohne dass er im Niemandsland der Zahlen einer Statistik verschwindet. Jemanden zu sehen, das bedeutet auch diejenigen, die als „Parasiten“, „Sozialschmarotzer“ usw. zu Unmenschen herabgewürdigt wurden, wieder ihre Würde zurückzugeben, sie in ihrem Menschsein zu bestätigen. Der „Blick“ holt Menschen wieder in die Gemeinschaft zurück, er ist der erste Schritt, um Exklusion zu überwinden, um mit den Menschen an den Rändern der Gesellschaft Kontakt aufzunehmen, er ist der Einstieg in die empathische

Kommunikation. Wenn wir jemanden „sehen", dann lieben wir ihn auch in gewisser Weise. Die Nächstenliebe beinhaltet das Sehen des Nächsten. Der barmherzige Samariter sah den, der am Rand der Straße lag. Kierkegaards Ethik des liebenden Sehens (vergl. Welz, 2014, 29) stellt eine Vertiefung des Todorv'schen Blicks dar. Anerkennung im Sehen, sieht, wenn es liebendes Sehen ist, mit Milde und Nachsicht auf den Nächsten. Anerkennung mittels eines liebenden Sehens, d.h. dann, dass Mängel und Unvollkommenheiten nicht scharf ins Auge gefasst werden und der Nächste nicht auf seine scheinbaren Mängel hin reduziert wird. Mit dem liebenden Sehen sieht man über Mängel und Unvollkommenheiten hinweg und damit bestätigt man die Würde der Armen. Daraus resultiert eine Veränderung des Verhaltens. Weil man bei dem Nächsten nicht mehr Mängel und Unvollkommenheiten zum Bestimmungsmerkmal seines Personsseins macht, begleitet man sein Leben eher mit Sympathie. Dieses liebende Sehen fehlt sehr häufig gegenüber Hartz IV-Empfängern/-innen, woraus die Respektlosigkeit und Menschenverachtung resultiert. Damit man „sehen" kann sind Rahmenbedingungen bedeutsam – man darf kein ruheloses, hektisches und vielbeschäftigtes Leben führen. Für Momente des „Sehens" muss Raum im Leben sein. Sehen will geschult sein, eine Achtsamkeitspraxis will eingeübt sein, damit das „Sehen" immer besser gelingt. Um zu einem „sehenden" Menschen zu werden, sollte man nicht zu sehr um sich selbst kreisen. Die damit einhergehende enge Fokussierung auf das eigene Ich verhindert gar nicht zu selten, dass man einen „Blick" auf den Anderen, das Du, gewinnt und somit ein Wir nicht gefühlt wird.

Es ist noch zu erwähnen, dass zu einem Anerkennungsprozess die Notwendigkeit gehört, jemanden in seinem Anderssein unbedingt zu bejahen. Das bedeutet nach Johannes Hoffmann, die Freiheit aufzubringen, den Anderen mit seiner Freiheit in der eigenen Freiheit Raum zu geben (vergl. ders., 1995 b, 391). Dieses unbedingte Bejahen bedeutet nach Paulo Suess (1995, 75) Alterität vor der Armut zu denken – d.h. Alterität darf sich also nicht über eine Prädikation herleiten, sondern ist allein aufgrund des Personseins des Menschen gefordert. Anerkennungshermeneutik ist also radikal, d.h. sie geht an die Wurzeln der Menschlichkeit, verlangt eine unbedingte Anerkennung von Freiheit (vergl. Pröpper, 1995). Deswegen gehört zur Anerkennung des

Anderssein des/der Anderen die grundsätzliche Berücksichtigung eigenständiger Kulturen, mit eigener Sprache, eigenen Ausdrucksformen, eigenen Kulturorten (vergl. Bujo, 1995; Suess, 1995, 75ff.). Einer Anerkennungshaltung einzunehmen bedeutet also empfangsfähig für die Mitteilung anderer Erfahrungen, anderen Lebenswissens und anderer Lebenspraxis zu sein. Das bedeutet: zu dem „ich erkenne" muss die Haltung treten, das Eigene vom Fremden her zu erkennen. Das bedeutet, dass nicht nur ich, sondern auch der Andere Maßstab der Erkenntnis sein darf. Und dafür muss man unter Umständen sehr viel Geduld aufbringen, wenn dem Anderen zum Teil über viele Generationen das nicht zugestanden wurde und die Menschen entgegen dem generativen Wissen erst wieder zu diesem Handlungsraum Zutrauen gewinnen müssen. Das bedeutet auch, dass die Problemdefinition nicht ausschließlich an Experten und nur professionell Betroffene abgegeben werden darf (vergl. J. Hoffmann, 1994 b, 256 f.).

Eine Anerkennungspraxis ist mit Kosten und Risiken einer innovativen Offenheit zum Anderen verbunden – der Andere kann nämlich meine eigenen Denkfiguren und Deutungsmuster anfechten und dabei darf ich mich nicht weigern, „die Glaubwürdigkeit der eigenen Position angesichts anderer Sichtweise, Ideale und kultureller Praxen erörtern zu wollen" (Hilpert, 1991, 232 f.). Dafür ist es aber das Schwierigste, „daß beide einander freigeben und aus wechselseitiger Anerkennung existieren lernen" (Eicher, 1989, 10). Anerkennen ist also keine Anerkennung der Anderen durch die Einen, sondern ist Anerkennen als eine gegenseitige Anerkennung. Reziprozität steht im Vordergrund (vergl. Suess , 1995, 80). Daher ist der Anerkennungsprozess auch nicht zu zerlegen in einen aktiv- und einen passiv-Part, wo es dazwischen ein Wechselspiel gibt. Vielmehr besitzt im Anerkennungsprozess jeder und jede einen eigenen originären Aktiv-Part. Es ist ein Du-Du-Prozess. Die eine Seite öffnet sich, zeigt sich, wendet sich hin, verlässt den Schatten beziehungsweise die Verborgenheit. Die andere Seite liebt, wertschätzt, fühlt mit und zeigt Anteilnahme. Das kann sich im Anerkennungsprozess dann aber auch umkehren, so dass alle, die zuvor Anteilnehmende gewesen sind zu dem werden, der sich öffnet und aus dem Schatten heraustritt. Im zugewandten Lieben öffnet man sich zugleich, lässt verborgenes So-Sein zurück. Und so fallen im Anerkennungsprozess also Hinwendung und aktives So-Sein zusammen.

Im Anerkennungsprozess fallen aber auch das Aufgeben des „Stumm-Seins" des Einen/der Einen und die Anerkennung eines tiefen Leidens zusammen.

Erinnerungsarbeit, z.B. in gemeinsamen Erinnerungs- und Erzählgemeinschaften, kann Erfahrungsarmut im Umgang mit den Anderen als Anderen aufzeigen und ein weiterer Erfahrungshorizont im Umgang mit Alterität bieten. Damit kann sie ein guter und sicherlich notwendiger Einstieg sein, um sich auf einen umfassenden Prozess des Erkennens und Verstehens von Alterität einzulassen. In einer Erzählgemeinschaft kann beispielsweise sichtbar werden, dass Armut nicht über eine Theoriebildung oder Definition von Armut verstanden werden kann, sondern dass die phänomenologische Erfassung der Lebenswelt ganz wesentlich dazu treten muss, um die Realität von Armut erst wirklich zu verstehen. Hier erhält die Selbstmitteilung des Anderen eine hohe Priorität (vergl. die Innenansicht der Armut bei Schulz, 2007).

A. Honneth versucht das „stumme" und „verborgene" Verhalten in seiner Anerkennungs-Konzeption zu erfassen. So macht er in Anschluss an Pierre Bourdieus Veröffentlichung „Das Elend der Welt. Zeugnisse und Diagnosen alltäglichen Leidens an der Gesellschaft" (1997) deutlich, dass eine Anerkennungstheorie typische Formen gesellschaftlich verursachten Leidens wahrnehmen muss, die noch jenseits der Wahrnehmung der politischen Öffentlichkeit anzutreffen sind (vergl. ders., 2003, 140). Man darf sich nicht, in Anschluss an Bourdieus Überlegungen, für die Wahrnehmung „sozialen Leids" nur an den „sozialen Bewegungen" orientieren, denn dann würde man sich an einer normativen Einstellung der politischen Öffentlichkeit orientieren, die der Meinung ist, dass nur das moralisch ernst zu nehmen ist, „was bereits den Organisationsgrad politischer Bewegungen angenommen hat" (vergl. Honneth, 2003, 141). Die Ausführungen zu Hartz IV zeigen ganz anschaulich mit der Depressivität unter Hartz IV-Empfängern/-innen und den Folgen auf, dass es hier eine „stumme" Dimension des sozialen Leidens gibt, die durch soziale Bewegungen noch nicht hinreichend thematisiert wurde.

Mit Honneth´s anerkennungstheoretischen Überlegungen wird der Blick auf Missachtungs- und Demütigungs-Erfahrungen gelenkt. Sich gegen den Willen des anderen zu bemächtigen ist eine Form der

Missachtung. Aber auch Entrechtung und sozialer Ausschluss (Gefühl, nicht den Status eines vollwertigen, moralisch gleichberechtigten Interaktionspartners zu besitzen) sind Dimensionen der Missachtung. Mit diesen Missachtungs-Erfahrungen gehen einher der Verlust an Selbstachtung (vergl. ders., 1992/1994, 213ff.). Die geringe Wertschätzung der Leistung der Frauen in ihren spezifischen Arbeitsbereichen und Berufsfeldern ist ebenfalls eine Form der Missachtung. Aber auch „Zwangsarbeit" bedeutet Missachtung; es werden Selbstachtung und das Selbstwertgefühl beschädigt. Damit schafft er eine Interpretationsfolie für Erfahrungen von Hartz IV-Beziehern und macht seine Anerkennungsüberlegungen für diese Zielgruppe anschlussfähig.

„Anerkennen" bedeutet idealerweise, sich jemanden zuzuwenden, jemanden Zeit und Aufmerksamkeit zu schenken, jemanden als ganzen Menschen wahrzunehmen, ihm Wertschätzung entgegen zu bringen, dann aber auch ihm Empathie entgegen zu bringen und ihm gegenüber wahrhaftig (vergl. Härle, 2011, 435ff.) zu sein. Zum „Anerkennen" gehört auch, zu einem Perspektivenwechsel bereit zu sein. Dann sollte man achtsam sein, d.h. offen für alle Aspekte einer Situation, deren Nuancen und Veränderungen. Anerkennung drückt sich auch darin aus, dass man jemandem mit Höflichkeit, Freundlichkeit, Taktgefühl und Respekt begegnet, auch wenn der Andere eine abweichende Meinung vertritt. Man sollte sich verständlich machen, anstatt durch den Gebrauch von Fremdwörtern zu beeindrucken. Dann sollte man Andere ernst nehmen und nicht unterfordern. Man soll dem Du ganz offen im Dialog gegenübertreten und ihm Raum geben sich zu entwickeln. Unter einem Anerkennungsprozess ist der Beziehungsraum offen für Fehler zu gestalten und ein wertschätzender Umgang zu pflegen. Wenn Rückmeldungen erbeten werden, sind diese auch zu geben, dann aber spezifisch. Anerkennung bedeutet auch Beschämung zu vermeiden (vergl. Marks, 2007, 190 f.).

Jede Lebenswelt ist ein ganz besonderer Anerkennungsraum. Hier werden Anerkennungserfahrungen gemacht, die woanders nicht möglich sind. Deswegen können Anerkennungserfahrungen, die im Beruf, auf der politischen Plattform, im Ehrenamt möglich sind nicht die notwendigen Anerkennungserfahrungen in anderen Feldern ersetzen. Anerkennungserfahrungen in der Familie sind andere, als die, die man im Ehrenamt macht. Und die Anerkennungserfahrung, die man im

Beruf sucht, wird fehlende Anerkennung von zu Hause nicht kompensieren können. Menschen, die keine Anerkennungserfahrung aus einer Gottesbeziehung heraus machen, werden sehnsüchtig von Mensch zu Mensch springen, um dort eine Anerkennung zu finden, die sie bei Menschen nicht finden können. Der Versuch, fehlende Anerkennungserfahrung in einer Lebenswelt durch eine Anerkennungserfahrung in einem anderen Bereich zu kompensieren, wir fragmentarisch bleiben, scheitert letztendlich. Mehr noch, es kommt zum Missbrauch des jeweiligen Anerkennungsfeldes, weil man hier etwas abfordert, was der jeweilig andere Anerkennungsraum nicht leisten kann. Man tut dem Anerkennungsraum Gewalt an, wenn man Anerkennung, die man in einem anderen Anerkennungsraum nicht hatte, hier nun geradezu erzwingen will. Und damit sind wir bei der Ethik. So verfehlen berufsethisch viele Menschen das Anerkennungsfeld Erwerbsarbeitsplatz, weil sie keine Freizeitkultur rsp. Beziehungskultur in der Freizeit haben, wo tiefe Anerkennungserfahrungen gestiftet werden. Sie erzwingen sich Anerkennung durch eine Art der Arbeitsleistung, die das Betriebsklima schädigt oder wodurch (soziale und ökologische) Kosten externalisiert werden. Manchmal tauchen in den sozialen Bewegungen Menschen auf, die einer Einsamkeit, einem Leben ohne bzw. mit wenig Anerkennungserfahrungen (aus Freundschaften) entfliehen. In sozialen Bewegungen können Freundschaften entstehen, aber das Engagement in der Frauen- oder Friedensbewegung wird für sich allein nicht die Anerkennungserfahrungen, die von Freundschaften ausgehen, ersetzen können. Hier kann Ethik unter die Räder kommen, wenn verzweifelt mit einem Thema einer sozialen Bewegung um Anerkennung gekämpft wird und Menschen dadurch „schwierig“ werden, zu einer „sympathischen Lösungssuche“ nicht fähig sind, mit dem Freund-Feind-Schema agieren oder einfach auch zu „kämpferisch“ sind, dahingehend, dass sie aggressiv auftreten. Ethik gerät aber auch dort unter die Räder, wo jemand den Arbeitsplatz für Anerkennungserfahrungen instrumentalisiert und dabei zum Opportunisten wird. Er wird nicht das Sachgerechte tun, wenig achtsam für Kollegen und Kolleginnen sein und kaum ein verantwortungsethisches Bewusstsein zeigen (vergl. wegen diesen Ausführungen die Positionierung bei: Nierling, 2013, 68).[12]

Schließlich weist Todorov darauf hin, dass Anerkennungsprozesse kontinuierlich erfolgen müssen. Anerkennung ist nach Todorov ständig im Leben der Menschen notwendig; man kann nicht besonders stark von vergangener Anerkennung zehren bzw. sich nur begrenzt von einer Anerkennungserfahrung über die nächsten Tage hinaus ernähren: „Die Anerkennung unserer Existenz, die Vorbedingung jeder Koexistenz, ist der Sauerstoff der Seele: ebenso wenig wie die Tatsache, daß ich heute atme, mich von der Atemluft des folgenden Tages abhängig macht, genügt mir heute die gestern erhaltene Anerkennung. Nur aus Naivität oder Gehässigkeit können wir versuchen, denjenigen, der über mangelnde Anerkennung klagt, damit zu trösten, daß wir ihm seine vergangenen Erfolge in Erinnerung rufen. Diese Erinnerung läßt ihn im Gegenteil um so bitterer ermessen, was ihm heute fehlt" (Todorov, 1996, 74).

Damit wir nicht in einer zu starken „personalistischen" und „psychologischen" Fokussierung steckenbleiben (vergl. die Kritik durch Fraser an A. Honneth in: Nierling, 2013, 58 und 60) werden anschließend noch die „Vorrangige Option für die Armen" entfaltet und Ansprüche der Gerechtigkeit konkretisiert.

2.2. Nächstenliebe

N. Lohfink betrachtet es als eine Fehleinschätzung, wenn man die Auffassung vertritt, in Bezug auf das Liebesethos habe „das Neue Testament (…) gegenüber dem Alten *inhaltlich neue* Normen des sittlichen Verhaltens gebracht" (1977/1985, 225). Nach ihm kann man nicht einfach so behaupten, dass unter dem Evangelium der altestamentliche

12 Nierling sieht aber auch, dass die Anerkennung im Modus der Liebe zum Beispiel in unterschiedlichen Anerkennungsräumen möglich ist und von daher Liebe z.B. nicht exklusiv den Anerkennungsräumen „Familie" oder „Freundschaft" vorbehalten ist. Dies wird in ihrer Untersuchung befragt. Dabei macht sie die Feststellung, dass dem hierbei in „Arbeitszusammenhängen" Grenzen gesetzt wird, obwohl Anerkennung im Modus der Liebe auch hier „nachgefragt" wird. Anerkennung im Modus der Liebe ist mit organisatorischen Rahmenbedingungen verbunden (vergl. dies., 2013, 74, 223 f., 229, 233).

Aspekt der Gerechtigkeit überstiegen und auf die unbedingte universale Nächstenliebe hin radikalisiert wird. Das ist deswegen nicht zulässig, weil Unterschiede zu den semantischen Sinnwelten altorientalischer Begriffe zu berücksichtigen sind (Gottesfurcht steht z.B. für Religiosität); weil historisch-kritisch die jüdische Weiterführung des Alten Testaments von den eigentlichen Aussageabsichten des Alten Testaments abzugrenzen ist; und weil man den Einfluss des griechischen Sprach- und Denksystems (siehe den aristotelischen Begriff der Gerechtigkeit und die Universalitätsvorstellungen der Stoa) auf die neutestamentliche Rede von Gerechtigkeit würdigen sollte.

Für N. Lohfink bestehen die wesentlichen Unterschiede zwischen AT und NT im Sprachgebrauch (ders., 237). Auch wenn der Gebrauch des Wortes „Liebe" im neuen Testament zunimmt – ein Vergleich der Konkretionen zum Begriff der Liebe im NT mit den Aussageintentionen im AT zeigt, dass die „Liebe" der Sache nach auch ein wesentliches Anliegen des AT ist. So zeigen zum Beispiel Mk 12,28 und Mt 22,36ff., dass Jesus vom Liebesgebot nichts anderes erwartet, was auch schon in „Gesetz und Propheten" (Dtn/5. Mose 6,5 und Lev/3. Mose 19,15-18) enthalten ist (ders., 232 f.). Und auch im AT geht es um eine „durch Güte entschränkte Gerechtigkeit" über Israel hinaus – das macht das Buch Jona mit der „Barmherzigkeit" Gottes gegenüber Ninive deutlich (Jon 4,11).

Ein neuer Aspekt am neutestamentlichen Verständnis der „Liebe" wird für N. Lohfink lediglich am Samaritergleichnis deutlich (Lk 10,36 f): „Jesus ordnet (…) die Liebe der Not zu, die ihrer bedarf. Das ist zweifellos eine radikale Sprengung der Gruppenbindung der Liebe, wie sie im Alten Testament" (N. Lohfink, 1977/1985, 236) und bei der Qumrangemeinde vorliegt.

Da aber Texte aus der johanneischen Gemeinde in besonderer Weise die Nächstenliebe bzw. die Bruderliebe (was ja eine Verengung der Nächstenliebe darstellt) formulierten, stellt sich für viele neutestamentliche Ethiker die Frage, ob das neutestamentliche Programm der Nächstenliebe/Bruderliebe nicht doch zu exklusiv war: Macht es nur Sinn für eine Gruppe im Widerstand bzw. im Untergrund, die auf Zusammenhalt angewiesen ist oder ist es nur aus der starken eschatologischen Naherwartung zu verstehen (zum Letzten: Schroeder, 1986)?

Hilpert liest den Impuls der Nächstenliebe/Brüderlichkeit schöpfungstheologisch und damit als beispielhaftes Handeln, das generell gilt, weil primär dem Menschen und damit der Menschheit geschuldet (1991, 198ff.). Diese Deutung scheint recht plausibel, wenn man den exegetischen Hinweis von Swierzawski (1986, 84) berücksichtigt: „510-mal wird das Wort ´Mensch´ im Alten Testament gebraucht, doch nur selten in der Einzahl, in individueller Bedeutung".

Mit der Nächstenliebe ist auch eine Bereitschaft zur „riskanten Initiative" (Frey, 2014, 414) verbunden. Man lässt sich auf Menschen ein, die andere links liegen lassen oder um die andere einen großen Bogen machen. Und man investiert etwas in die Beziehung zu diesen Menschen, sehr nachhaltig sogar.

Die Nächstenliebe weist eine gewisse Unabhängigkeit und Freiheit von Regeln und Normen rsp. ethischen Maximen und religiösen Traditionen auf. Will man dem „Geist der Nächstenliebe" entsprechen, dann ist man bereit gesellschaftliche Normen und Prinzipien bei den Herausforderungen konkreter Lebenskontexte zu übertreten. Nächstenliebe überschreitet die Vorgaben von Settings aus sozialen Zugehörigkeits- und Beziehungsverhältnissen. Nächstenliebe betreibt dabei eine Ent-privatisierung von Liebe und ist politisch. In dieser Liebe, die als Nächstenliebe sichtbar wird, liebt der Mensch den Nächsten anders, anders als ein Lieben, das aus dem eigenen Begehren und Wählen hervorgeht (vergl. hierbei die Ausführungen bei Klein, 2012)

Johannes Fischer macht auf die spirituelle Dimension bei der Nächstenliebe aufmerksam (vergl. Fischer u.a., 2008, 362 unter Bezug auf Gal 5,22). Ohne von Heiligen Geist erfüllt zu sein, wird man die Kraft und den Mut zur Nächstenliebe nicht aufbringen können, denn die Nächstenliebe gilt auch den vermeintlich nicht liebenswerten Menschen. Er merkt an: „Im Unterschied zum Gefühl der Liebe richtet der Geist der Liebe nicht auf eine bestimmte Person, sondern – in der Sprache der christlichen Überlieferung – auf den *Nächsten in der Person* des Anderen hin aus. Der Nächste begegnet in vielen Personen. Dasjenige, worauf sich hier die Ausrichtung bezieht, ist seine Bedürftigkeit und Verletzlichkeit, nicht seine individuelle Attraktivität. Die Liebe zum Nächsten ist daher durch kausale Unabhängigkeit von den individuellen Eigenschaften der Person charakterisiert (…), auf die sie sich bezieht. Man muss für einen anderen Menschen kein Gefühl der

Liebe empfinden, um ihm dennoch im Geist der Nächstenliebe zugewandt sein zu können. Eben dies kennzeichnet Liebe im Verständnis der christlichen Tradition, dass sie auch dem nicht Liebenswerten zugewandt ist" (Fischer, 2002, 128, Herv. i. Orig.).

„Wer sich selbst nicht leiden kann, hat es schwer, Nächster zu sein. Er verbreitet Griesgram und Schlimmeres in menschlichen Beziehungen" (Krötke, 2013, 37).

Das gemeinsame Wort des Rates der Evangelischen Kirche in Deutschland und der Deutschen Bischofskonferenz „Für eine Zukunft in Solidarität und Gerechtigkeit" verweist schließlich noch auf den Zusammenhang von Gottes- und Nächstenliebe (vergl. Mk 12,28-34)[13] – unter der Nr. 104 schreiben die Kirchen: „Gottesliebe ohne Nächstenliebe bleibt abstrakt, ja letztlich unwirklich: ´Wenn jemand sagt: Ich liebe Gott!, aber seinen Bruder haßt, ist er ein Lügner. Denn wer seinen Bruder nicht liebt, den er sieht, kann Gott nicht lieben, den er nicht sieht.´(1Joh 4,20) Deshalb wird die Gottesliebe in der Nächstenliebe zur Tat, wie umgekehrt die gelebte Nächstenliebe zur Gottesliebe führt. Wenn also Gottes- und Nächstenliebe, Glaube und Ethos, Bekenntnis sowie Feier des Glaubens und Praxis der Gerechtigkeit nicht voneinander zu trennen sind, dann muß sich das Doppelgebot der Liebe auch in der strukturellen Dimension auswirken: in dem Ringen um den Aufbau einer Gesellschaft, die niemanden ausschließt und die Lebenschancen für alle sichert".

Damit wird deutlich: Nächstenliebe ist nichts Theoretisches, nichts Abstraktes, nichts Hypothetisches – sie drängt zum Handeln. Über die Nächstenliebe spricht man nicht, sie ereignet sich im Tun. Nächstenliebe gehört denen, bei denen sich angesichts ihrer Notlage einem der Magen umdreht bzw. wo deren Not und Leid einem an die Nieren ging (vergl. Mierzwa, 2014, 203).

13 Für eine nähere exegetische Befundaufnahme zum Doppelgebot vergl. Thomas Söding (2013/2014), Seite 15 f. Er macht deutlich, dass durch dieses Doppelgebot der Heuchelei vorgebeugt wird.

2.3. Vorrangige Option für die Armen

In ihrem Klassiker zur Befreiungstheologie gehen Clodovis Boff und Jorge Pixley den biblischen Fundamenten einer Option für die Armen nach. Sie machen deutlich, dass die vorrangige Option für die Armen nur zu verstehen ist, wenn man an der Exoduserfahrung Israels anknüpft (Ex/2. Mose 20,2-3) (1987, 34-47). Das bedeutet: Die Gerechtigkeit Gottes ist mehr als nur Rechtfertigung im individuellen Sinne; es ist eine befreiende Gerechtigkeit an dem Volk in der Geschichte (Johnson, 1989, Sp. 913). Was ist der besondere Aspekt der „Option für die Armen" in der Exodus-Tradition? Zunächst einmal wird der Exodus nicht als nationaler Befreiungskampf identifiziert – vielmehr akzentuiert das AT den Exodus als Auszug aus einer Bedrängungserfahrung. Der Exodus ist eine Befreiung von der Willkür der ägyptischen Herren, wo das Volk Israel seinen Herren schutzlos ausgeliefert war (vergl. Bedford-Strohm, 2004, 124). Die Exodustradition identifiziert Armut – im Kontrast zu den „Optionen für die Armen", die es in der Zeit des Alten Testaments in vielen anderen Gesellschaften auch gab – als Produkt menschlichen Handelns und weist dadurch Zustände der Armut als durch Menschen änderbar aus. Darüber hinaus wird in der Exodustradition verdeutlicht: Die Veränderungen mit dem Exodus sind leibhaftig, substanziell und strukturell – so auch der Exodus aus der „Armut". Die Exoduserfahrung ist die Grundlage dafür, begründet Solidarität mit den Armen einzufordern (vergl. Lev/3. Mose 25,35-38).

Das Pentateuch (Boff/Pixley, 1987, 54ff.) betrachtet das Armenrecht als komplexe sozialökonomische und rechtspflegerische Herausforderung. Das Sabbatjahr, das Jobeljahr wie auch Überlegungen zum Zins zeigen, Gerechtigkeit ist mehr als nur eine individualethische Herausforderung. Mit diesen strukturpolitischen Instrumenten soll offenbar zu großen gesellschaftlichen Ungleichverteilungen vorgebeugt werden (vergl. Ex/2. Mose 22, 24; 23,10; Lev/3. Mose 25,10; 25,36; 25,37).

Die alttestamentliche Königstheologie (Boff/Pixley, 1987, 51ff.) formuliert die Verpflichtung an die Könige für die Armen zu sorgen und sie zu schützen. „Der König steht im Dienste von Recht und Gerechtigkeit" (da Silva Gorgulho, 1990/1995, 172). Die Natan-Parabel (2 Sam 12,1-7) verdeutlicht hierbei ergänzend, dass der König um der

Armen Willen von kritischen Interventionen Jahwes, mittelbar und unmittelbar, nicht ausgenommen wird.

Vor allem beim prophetischen Traditionsstrang im Alten Testament wird schließlich der Gehorsam vor Gott mit der Achtung und der Sorge für den Nächsten verbunden. Mehr noch: Mahnungen von Amos (5,21) und Jesaja (1,11-17; 58,3-11) sowie bei Micha (6,6-8) und Jeremia (7,1-7) machen deutlich, wenn wir nicht entschieden den Ungerechtigkeiten gegen die Armen, Witwen und Waisen gegensteuern, dann ist nicht nur unsere politische und soziale Gesellschaftsordnung bedroht, sondern durch die sich abzeichnende Spaltung auch unser religiöses Leben (vergl. Antoncich/Munárriz, 1988, 29). Jeremia (22,15ff.) verdeutlicht, dass man Gott nur erkennen kann, wenn man den Schwachen und Armen zu ihrem Recht verhilft. Dabei ist Erkenntnis „etwas Moralisches, das die ganze Person in Beschlag nimmt" (Aguirre/Vitoria Cormenzana, 1990/1996, 1191).

Indem das Magnificat im Lukasevangelium (Lk 1,46-55) die zentralen alttestamentlichen Vorstellungen einer Option für die Armen aus Psalmen und Prophetenbüchern aufnimmt (Ps 9, 13; 12,6; 14,6; 34,11; 89,11; 107,9; 111,9; 1 Sam 2,5; 2,7; Ez 21,31; Jes 41,9) (vergl. N. Lohfink, 1988, 1-10, hier 8 f.; siehe auch Duchrow u.a., 2006, 300ff..) macht es deutlich: in dem Wunder an Maria gipfelt die ganze Geschichte Israels, die Geschichte der Errettung des armen und erniedrigten Knechtes Israel und damit die Geschichten der Rettung der vielen Armen in der Geschichte Israels. Mit dieser Israel-Dimension im Magnificat erhält die vorrangige Option für die Armen für das NT eine gesellschaftspolitischere Option gegenüber der eher spiritualisierten Entwicklung der Armenfrömmigkeit in den Qumranschriften (N. Lohfink, 1988, 110).

In den synoptischen Evangelien, vor allem bei Lukas und Matthäus wird die in der prophetischen Tradition angestoßene „Option für die Armen" weiter vertieft. Dabei wird ein Vierfaches zum Gerechtigkeitsbegriff ausgesagt: Gerechtigkeit bedeutet zunächst einmal eine religiöse Herausforderung an das Gottvertrauen – gemeint ist ein Handeln im eschatologischen Horizont, in der Gelassenheit des „Schon und noch-Nicht" (Mt 6,1-34); dann verlangt die Solidarität Gottes mit den Letzten auch unsere Solidarität – gemeint ist die Bekehrung zu den Armen, insofern die Armen schon „Bürger des Reich Gottes sind"

(Antoncich/Munárriz, 1988, 32); schließlich bedeutet gerechtes Handeln, dass man den ganzen Menschen wahrnimmt und sich nicht nur in Kategorien ihm gegenüber verhält bzw. das eigene Verhalten von seinen religiösen und anderen produktiven Vorleistungen abhängig macht; und letztlich sollte man festhalten, dass bei Rechtsverhältnissen, die man eingeht, es nicht nur um eine ausgleichende, sondern auch um eine austeilende Gerechtigkeit geht (Mt 20,1-16).[14]

Für Zenger sind die Armen der „Ort", an dem Gott zu finden ist (vergl. Lienkamp, 2006, 269); sie sind der hervorragende Ort der Gottesbegegnung (vergl. Mack, 2007, 309). Dass Gott der Schutzgott der Armen ist „findet (seine R.M.) Entsprechung in der Selbstidentifikation Jesu mit den Armen (vgl. Mt 25,40), die von ihm selig gepriesen (Lk 6,20) und mit besonderer Wertschätzung behandelt werden (…)" (Lienkamp, 2006, 269; vergl. Lk 4,18-21). Und von daher wird eine gelebte Solidarität mit den Armen durch eine „Vorrangige Option für die Armen" zum „Markenzeichen" für Christen. Sie zeigen ihre Treue zur Botschaft und dem Zeugnis Christi, indem sie sich in besonderer Weise mit den Armen solidarisieren.

Bei der zweiten Generalversammlung des lateinamerikanischen Episkopates in Medellin, 1968, wurde im Horizont der „Option für die Armen" vier Aspekte betont: 1) Es besteht ergänzend zur Caritas die Notwendigkeit strukturelle Veränderungen zur Bekämpfung der Armut anzustreben. 2) Es wird eine unlösbare Verbindung von Gerechtigkeit und Frieden aufgezeigt. D.h. es wird die Arbeit an gerechten Verhältnissen als enge Bedingung für das Entstehen von Friedensverhältnissen betrachtet. 3) Dann wird gegen eine paternalistische Haltung gegenüber den Armen argumentiert – dies würde die Armen zu Objekten machen. Und dann wird einer Romantisierung der Armut (Armut als Ausdruck einer besonderen Nähe zu Gott) widersprochen – wo der Blick auf die Armut ohne (sozialpolitische) Konsequenzen für das Handeln ist. Armut als Mangel an Gütern ist ein wirkliches

14 Limbeck (1989, 159) zeigt auf, dass gerechtes Handeln unterschiedslos alle betrifft, jederzeit erfolgen sollte, ohne Vorbedingung und machtvoll einzubringen ist. In Abgrenzung zum falsch verstandenen Prinzip der Leistungsgerechtigkeit und zum angemessenen Verständnis ausgleichender und austeilender Gerechtigkeit vergleiche die Exegese zum Gleichnis der Arbeiter im Weinberg (Mt 20, 1-16) (Theobald 1992; Mierzwa 1998).

Übel in der Welt – es ist Frucht der Ungerechtigkeit und der Sünde des Menschen. Man kann Armut als Engagement leben, indem man die Bedingungen der Armen freiwillig und aus Liebe annimmt, um dadurch Zeugnis zu geben von diesem Übel. 4) Die Kirche muss zu einer „armen Kirche“ werden. Die Kirche muss sich selbst zur Armut verpflichten, um solidarisch zu sein und die Frohe Botschaft wirklich verkündigen zu können (vergl. Bedford-Strohm, 1993, 153ff.).

Bei der III. lateinamerikanischen Bischofskonferenz in Puebla, 1979, wird die „Vorrangige Option für die Armen“ vertieft. Dazu ist zunächst zu bemerken: „In Puebla ebenso wie in Medellin – das ist ausdrücklich festzuhalten – wird die Option für die Armen nicht in einer Ethik der Gebote verwurzelt, sondern in einer Inkarnationstheologie, die mit der *Mensch*werdung auch die *Arm*werdung Gottes in Christus betont und so, eindringlicher als das in einer Gebotsethik möglich wäre, die unlösliche Verbindung von Glauben an Gott und Option für die Armen deutlich macht. Gleichzeitig kommt darin die Bedingungslosigkeit der Option für die Armen zum Ausdruck: sie beruht nicht auf der moralischen Dignität, die sich die Armen erworben haben, sondern allein auf der Tatsache, daß Gott in Christus selbst arm geworden ist und den Armen damit diese Dignität schon zugesprochen hat“ (Bedford-Strohm, 1993, 162; Herv. i. Orig.).. Es wird noch betont, dass der Abgrund zwischen Armen und Reichen eine soziale Sünde ist. Es wird gesehen, dass das Angehen von strukturellen Problemen und ein notwendiger personaler Wandel als gleichberechtigte Herausforderungen nebeneinander stehen. Der Dienst an den Armen ist nicht ein Akt der Wohltätigkeit, sondern vielmehr ein Akt der Gerechtigkeit – d.h. man darf nicht als Liebesgabe anbieten, was man aus Gerechtigkeit schon schuldet. Es wird aber auch das evangelisatorische Potential der Armen betont. Die Armen stellen die Kirche vor Fragen, indem sie durch ihre Existenz, diese zur Umkehr aufrufen. Evangelisation im Horizont der Existenz der Armen und ihres Zeugnisses der Armut kann auch ein Beitrag sein, sich vor den Fallstricken des Individualismus und des Konsumismus zu bewahren (vergl. ders., 158ff.).

Christsein erweist sich darin, wie relevant in allem Sehen, Urteilen, Entscheiden, Bezeugen und Handeln die Lebenslage und Situation der Armen ist. Diese nicht nur psychisch (Motivation!), sondern auch strukturell (Politik!) in unser Tun hinein zu holen, ist die vordringliche

Aufgabe einer Orientierung an der „Vorrangigen Option für die Armen". Es ist immer wieder zu prüfen, „wer konkret die Armen und Nichtbeteiligten sind und was der (strukturelle) Grund ihrer Armut und Ausgrenzung ist, den es zu überwinden gilt. So schließt die Option für die Armen heute eine politische Lobbyarbeit für die Benachteiligten und Ausgeschlossenen ein (...)" (Lienkamp, 2006, 269). Für die Rechte der Armen gilt es einzutreten, vor allem, wenn diese ihre Rechte nicht selbst wahrnehmen können, auch aufgrund von Ohnmacht oder einem Informationsdefizit. Diese Herausforderung gilt umso mehr, wenn man die Armen als die Unbedeutenden, die Namenlosen, die Anonymen der Geschichte versteht (vergl. Klein, 1994, 57).

Und es ist auch der Standort desjenigen von Bedeutung, der von der „Vorrangigen Option für die Armen" spricht. Die Parteilichkeit für die Armen ist nur glaubwürdig, wenn in dem Leben ein solidarisches Teilen des Lebens der Armen sichtbar wird. Wie stark man, ausgehend von dem eigenen Standort, mit den sozialen, wirtschaftlichen, politischen und ideologischen Strukturen der Reichtumsakkumulation verflochten ist, entscheidet darüber wie entschieden man die „Vorrangige Option für die Armen" im eigenen Leben realisieren kann. Joseph Stiglitz (2015) macht in seinem Buch zur Situation in den USA immer mal wieder deutlich, wie stark die Beharrungskräfte der Reichen und einer durch die Reichen besetzten Politik sind und wie gering dadurch die Bereitschaft zu einer „Option für die Armen" ist. Auf welcher Seite man in einer durch Reichtum und Armut gespaltenen Gesellschaft steht bzw. zu welcher Seite man tendiert, wie also die unmittelbare Betroffenheit durch diese Spaltungsprozesse aussieht, entscheidet darüber, wie weit man sich auf die „Vorrangige Option für die Armen" einlassen kann. Es besteht mit dieser Option die Anfrage, wie weit das eigene Leben gekennzeichnet ist durch ein stillschweigendes Einverstanden-Sein mit den Umverteilungsprozessen nach oben, mit der Reichtumsakkumulation, dem absoluten Eigentumsbewusstsein usw. (siehe dazu Duchrow u.a., 2006, 137-194; s.a. Lena Schipper, 2016). Die „Vorrangige Option für die Armen" bricht ein Tabu auf, dahingehend, dass gezeigt wird, dass ein Strukturzusammenhang zwischen Armut und Reichtum besteht. Mit dem Sprechen von der Armut wird darauf hingewiesen, dass Armut und Reichtum in einem Konnex zueinander stehen (vergl. Butterwegge, 2014, 32).

„Zwei Gefahren gilt es allerdings vorzubeugen: Zum einen könnte eine Option 'für' die Armen leicht in entmündigenden Paternalismus umschlagen, der die Armen zu Objekten der Fürsorge degradiert und in diesem Status fixiert. Um dem zu begegnen, muss die Option für die Armen nicht nur eine Option gegen deren Armut, Benachteiligung und Ausgrenzung, sondern auch die Option für ihre Subjektwerdung notwendig einschließen (Stichwort: Empowerment). Zum anderen wurden und werden die Armen und Ausgeschlossenen nicht selten als bloßes Mittel zum Zweck der Gottesliebe missbraucht, das heißt, die Hinwendung galt und gilt dann nicht ihnen um ihrer selbst willen. Eine Liebe zum Nächsten, die diesen nicht selbst meint, sondern ihn nur als Vehikel der Gottesliebe verzweckt, verfehlt damit allerdings nicht nur den Menschen, sondern auch Gott" (Lienkamp, 2006, 269 f.). Die Armen verdienen Achtung, Respekt und Wertschätzung. Deswegen müssen Inklusionsbemühungen mit einer Begegnung auf Augenhöhe, dem Abholen der Armen mit ihren Kompetenzen und Ressourcen, einem Befähigen, dem Vermeiden von Schamsituationen, dem Erleben von Gemeinschaft und dem Ermöglichen von Chancen zum-sich-Einbringen Beachtung finden (vergl. Sozialwissenschaftliches Institut der EKD, 2014, 11-20).

Den Aspekt der Scham möchte ich noch einmal ausdrücklich betonen, weil Scham die Handlungsfähigkeit lähmt, die Kommunikationsfähigkeit einschränkt, zur Vereinsamung beiträgt und zu einem nicht lösungsorientierten Verhalten führt – sie sind dann selbst zu kleinsten Schritte nicht fähig. Vorrangige Option für die Armen, das bedeutet, dass ein Helfen und Unterstützen ohne Beschämung stattfinden sollte, damit die Armen freie und hoffende Menschen bleiben. Wenn Milieugrenzen durch das reale Kirchengemeindeleben und das Auftreten von Christen sichtbar und spürbar werden, kann das die Armen auch beschämen (Banzhaf/Fetzer/Goetz/Maier/Staiger, 2011, 351ff.). Hier müssten infolge einer Orientierung an der „Vorrangigen Option für die Armen" Schritte aus der Milieuenge heraus erfolgen – z.B. durch die Begleitung von Hartz IV-Beziehern bei Behördengängen (vergl. dies., 361). Die verächtliche Behandlung von Hartz IV-Beziehern ist eine Wurzel von Beschämung. Hier muss Partei für die Hartz IV-Bezieher ergriffen werden, indem gegen unheilvolle und unerträgliche Hartz IV-Gesetze und Regelungsvorschriften vorgegangen wird sowie gegen eine stigmatisierende Stimmungsmache eingeschritten wird. Und man darf keine sich gegenüber den Armen herabbeugende Kirche sein, das wird von den Armen als beschämend empfunden (vergl. Grosse, 2011, 322). Das bedeutet nicht nur als Kirche auftreten, die finanzielle Erleichterungen gewährt, sondern auch Partizipationschancen am Gemeindeleben ermöglicht.

Dann möchte ich den Aspekt der Begegnung auf Augenhöhe noch etwas vertiefen. Bei der „Vorrangigen Option für die Armen" geht es um ein Zusammenleben mit den Armen, die „gemeinsame Feier des Lebens" (vergl. Grosse, 2011, 311). Und es geht auch darum, Arme an den Entscheidungen ihrer Kirchengemeinden zu beteiligen (vergl. ders., 310) sowie das Feld des Ehrenamtes als für sie erschließbar und begehbar zu betrachten (vergl. ders., 323). Aber auch das ganz normale gesellige Gemeindeleben müsste „offen" für die Armen sein (vergl. ders., 325). Dazu sind „Intensivbeziehungen" (vergl. ders., 313) rsp. intensive Begegnungen (vergl. ders., 319) notwendig; es muss zumindest zu Berührungen kommen (vergl. ders. 315; s.a. 319) bzw. man muss Nähe zulassen können (vergl. ders., 322). Und man muss sehen können, dass Arme Menschen mit eigenen Kompetenzen, Ressourcen und Bedürfnissen sind, auch wenn diese manchmal verschüttet sind unter lähmender Resignation, Selbstentmündigungsstrategien (vergl. ders., 316) und einer persönlichen Verfassung des sich Schämens. Aber wenn man an sie glaubt, sie als Mensch wertschätzt und sich auf sie einstellt, auch wenn sie (anfangs) z.T. nicht pflegeleicht sind (vergl. ders., 320.321), dann können ihre Stärken, Fähigkeiten und Bedürfnisse zum Leben erwachen.

Die „Vorrangige Option für die Armen" wendet sich gegen die „strukturelle Gewalt" in der Gesellschaft. Der Neoliberalismus, der so viel Armut schafft, ist zu bekämpfen (vergl. Duchrow u.a., 2006). So gehört auch strukturpolitisches Handeln, wie es von den sozialen Bewegungen ausgeht, auch zu einem Verhalten im Horizont der „Vorrangigen Option für die Armen". Damit Gewaltverhältnisse überwunden werden, muss extrem tatkräftig eingeschritten werden, wie es die Akteure der Theologie der Befreiung taten und noch tun. Wenn es um die „strukturelle Gewalt" des Neoliberalismus geht, dann dürfen Randgruppen-Probleme nicht vorschnell subsidiaritätspolitisch an eine diakonische oder ehrenamtliche Handlungsverantwortung abgeschoben werden und dadurch eine Entlastungspraxis der staatlichen Behörden/ Institutionen betrieben werden; vielmehr ist das entstandene Problem der Armen-/Randgruppen-Fragen als zentrale Aufgabe der staatlichen/internationalen Stellen zu entdecken.

Das paradigmatische Vorzeichen aller Anstrengungen zur Armutsbewältigung muss das Wollen der „Ausrottung“ (vergl. Mierzwa, 2016a, 147) von Armut sein und nicht nur die bescheidene Vision einer „Armutsbekämpfung“. Erst wenn man die Armut „ausrotten“ will werden die Anstrengungen auch wirklich engagiert, die Motivation hoch und die Maßnahmen umfassend (materielle Dimension, Bildung, (psychische) Gesundheit [Stichwort: Traumatisierung durch Arbeitslosigkeit], Inklusionsbemühungen etc.) sein. Im Horizont des neoliberalen Klimas in der Gesellschaft wirken die Hartz IV-Regelungen als Gnade. Aber eine armutsfeste Lösung, die das „Recht auf…“ umsetzt ist mit der Diskussion zum bedingungslosen Grundeinkommen in Sicht. Es würde der Würde der sozial Schwachen eine Perspektive auf Teilhabe, für ein gutes Leben usw. schenken, wenn hier eine Lösung gefunden würde. Die Gefälle in der Gesellschaft müssen sich verändern: von „einem Gefälle vom Mehrheitswohlstand zum *Wohlstand aller*“, von der materiellen Fürsorge für die Armen zur gleichberechtigten Teilhabe in der Gesellschaft, „vom Diktat des Leistungsprinzips zur *Rücksicht auf unterschiedliche Leistungsfähigkeit*, vom Kult der Starken zur *Solidarität mit den Schwachen*, von der Gerechtigkeit für möglichst viele zur *Gerechtigkeit für alle*“ (Bedford-Strohm, 1993, 202; Herv. i. Orig.).

Sich nach unten zu solidarisieren kann heißen: Die Diskriminierung (Richter, 1978, 241) bzw. doppelte Viktimisierung (Duchrow u.a., 2006, 115 f., s.a. S. 223) mitzutragen und überhaupt den Druck der gesellschaftlichen Gegenkräfte mit auf sich zu nehmen, die den sozialen Randstatus der Armen bedingen. Solidarität mit den Armen, Unterprivilegierten und Ohnmächtigen kann bedeuten sich in einem gewissen Umfang mit ihnen zu verbünden, sich voll für diese zu engagieren „und Seite an Seite mit ihnen für eine Verbesserung ihrer Lage zu kämpfen“ (Richter, 1978, 242). Solidarität mit den Armen, Marginalisierten wird, auch wenn man fernere Ziele wie die Realisierung der Menschenrechte (vergl. Segbers, 2016, 9-42) im Blick hat, niemals an den elementaren Bedürfnissen der Betroffenen vorbeigehen können. Je mehr jemand im Elend steckt, desto mehr denkt er augenblicksbezogen und auf das unmittelbare Nahfeld hin (vergl. Richter, 1978, 266).

Unter den Bedingungen des aktivierenden Sozialstaates müssen die diakonischen Einrichtungen wieder „ihre" Armen entdecken und dürfen sich nicht vorschnell den sozialstaatlich zugewiesenen Armen zuwenden – auch weil die Armen des aktivierenden Sozialstaates nicht zu Subjekten der eigenen Entwicklung werden. Das Verhältnis des aktivierenden Sozialstaates zu den Armen ist bleibend paternalistisch und steht so im Widerspruch zur „Vorrangigen Option für die Armen". Option für die Armen, d.h. sich nicht von den Vorentscheidungen des aktivierenden Sozialstaates hinsichtlich derer, die als arm zu gelten haben, infizieren zu lassen (vergl. Möhring-Hesse, 2007, 36) bzw. in Distanz zu dem aktivierenden Sozialstaat zu treten (vergl. ders., 32) und sich den Recht- und Stimmlosen verpflichtet zu fühlen, denen, die sonst keine Interessenvertretung finden (vergl. ders., 33; s.a. 40). Option für die Armen, d.h. sich „auf diejenigen Hilfebedürftigen (zu R.M.) spezialisieren, die weder vom Sozialstaat Unterstützung erhalten, noch ihre Bedürfnisse durch eigene Kaufkraft stillen können, deshalb ihre Grundbedürfnisse nicht stillen können und so ′verletzlich′ bzw. `vulnerabil′ sind" (ders., 41). Es bedeutet denen Hilfe angedeihen zu lassen „die sich nicht selbst helfen können und denen sonst niemand helfen mag oder kann" (ders., 42). Die Wohlfahrtsverbände handeln hier „unabhängig von sozialstaatlichen Leistungsvereinbarungen und unbeeinflusst durch staatliches Kontraktmanagement" (ders., 42). Aber man darf dabei nicht in der Armenfürsorge hängen bleiben. Vielmehr ist Inklusion zu betreiben. D.h. es sind von den Wohlfahrtsverbänden Anstrengungen zu unternehmen, dass „ihre" Armen einen Zugang zu ihren Dienstleitungen finden, diese für jene bekannt werden und jene eine Haltung entwickeln, diese auch in Anspruch nehmen zu wollen. Dazu sind besondere Vorkehrungen zu treffen. Es geht um eine Inklusion „ihrer" Armen in „ihre" angebotenen Dienste und Einrichtungen. „Ihre" Armen, also die Armen unter der „Vorrangigen Option für die Armen", müssen in den diakonischen Einrichtungen und Diensten „präsent" werden und so „bedient" werden, wie alle anderen auch (vergl. ders., 53). Dabei dürfen jene nicht abhängig von den Diensten werden.

Selbsthilfegenossenschaften sind zu fördern, insofern dadurch Schwache und Arme wieder wirtschaftlich aktiv sein können bzw. wieder in das gesellschaftliche Leben integriert werden (vergl. Voß, 2015, 60). Vesperkirchen, auch mit ihrem kulturellen Angebot, tragen zu einer Begegnung von Menschen aus allen Schichten und Lebenslagen bei, die Ausgrenzung aus dem gesellschaftlichen Miteinander wird dadurch überwunden. Armut versteckt sich nicht mehr und unsichtbare Lebensentwürfe werden durch Nähe erfahrbar (Schulz, 2011; http://vesperkirche-nuernberg.de/; http://vesperkirche-ravensburg.de/; http://vesperkirche-mannheim.de/armselig.html).

Konkrete Solidaritätspraxis ist, wenn sie als Parteinahme **für** die Opfer betrieben wird, selbstverständlich Parteinahme **gegen** die (Mit-)Täterinnen und (Mit-)Täter. „Wer daher solidarisch handeln will, muss bereit sein, sich auf Konflikte einzulassen und die damit einhergehenden Risiken zu tragen" (Prüller-Jagenteufel, 2005, 206). Besonderes Konfliktpotential besteht in der Suche nach solidarischen Antworten zum Problem der Illegalen. Kann eine Lösung bei der Diskussion von einem globalen Grundeinkommen gefunden werden? (vergl. hier die Überlegungen bei: Milborn, 2007).

2.4. Gerechtigkeit

Wenn wir uns auf die Suche nach einem Gerechtigkeitsverständnis machen, das auf die Situation von Hartz IV-Beziehern eine nach vorne weisende Antwort gibt, dann müssen wir die Fokussierung auf ein radikal zugespitzte Leistungsgerechtigkeit verlassen, ebenso aber auch einen Askriptivismus[15] (vergl. Liebig/Lippl, 2005, 17) zurücklassen (s.a. dies., 27 f.). Auf das Problem des Fatalismus „in den unteren sozialen Schichten, den weniger Gebildeten, (…) den sozial Ausgegrenz-

15 Beim Askriptivismus „begründet die bloße Zugehörigkeit zu einer bestimmten sozialen Gruppe das Anrecht auf bestimmte Vergünstigungen. So kann es gerecht sein, dass Männer mehr Einkommen erhalten als Frauen, Ausländern weniger zuteil wird als Einheimischen, Kinder aus Wohlhabenden Familien eine bessere Ausbildung erhalten oder Personen mit hohem gesellschaftlichen Status auch bestimmte Privilegien genießen" (S. 17).

ten" (dies., 33) und von Arbeitslosigkeit Gekennzeichneten gilt es eine Antwort zu finden.

Es gibt Gerechtigkeitsgebote: 1) Dazu gehört einmal mehr der Ausschluss von Diskriminierungen. „Menschen mit Behinderungen sollen weiterhin als Gleiche am öffentlichen Leben teilnehmen können und nicht als wandelnde Unglücksfälle abgestempelt werden" (Ladwig, 2005, 48). Unter Hartz IV werden Behinderte weitaus häufiger als wandelnde Unglücksfälle betrachtet. 2) Dann gilt es ungestillte Grundbedürfnisse auszuschließen. Hunger darf nicht sein. Auch Bildung ist sicherzustellen. 3) Dann ist soziale Exklusion zu vermeiden. So zeigte eine Umfrage unter Nutzern/-innen von existenzunterstützenden Angeboten, worunter auch Hartz IV-Bezieher sind (vergl. Selke/Maar, 2011, 27), dass sich „die meisten GesprächspartnerInnen (…) nicht mehr als Teil der Gesellschaft (fühlen R.M.), d.h. sie fühlen sich sozial exkludiert" (dies., 65); „(…) das Angebot der Lebensmitteltafeln (wird R.M.) selbst von einigen Befragten als *Synonym für Exklusion* wahrgenommen. In anderen Worten: Die Befragten fühlen sich nicht mehr als Teil der Gesellschaft, *weil* sie Tafeln, Lebensmittelausgabestellen oder andere existenzunterstützende Angebote nehmen (müssen)" dies., 66; Herv. i. Orig.). Zusammen mit den anderen Inanspruchnehmern und -nehmerinnen fühlen sie sich „gemeinsam ausgeschlossen" (dies., 75). In diesen Angeboten wird das Aufkommen einer Parallelgesellschaft erkannt (vergl. dies., 75) – dies vor allem durch den „parallelweltlichen Typ" (vergl. dies., 80 f.), der am stärksten unter den Nutzern/-innen dieser Angebote vertreten ist (vergl. dies., Abb. 25).

Weil es aber keine verbindliche Definition sozialer Gerechtigkeit gibt, sondern verschiedene Definitionen der Gerechtigkeit mit unterschiedlichem Lichtkegel auf Probleme fehlender Gerechtigkeit antworten, seien hier einige „Gerechtigkeitskonzepte" vorgestellt, die bezüglich der Problemvielfalt von Hartz IV Zukunftsperspektiven andeuten. Dabei werden negative und aktive Gerechtigkeitsvorstellungen vorgestellt, das bedeutet es liegt im Interesse der Gerechtigkeit einerseits das Schädigen zu unterlassen, andererseits aber auch zu fördern und umzuverteilen (vergl. KDA, 2015).

Da ist zunächst einmal die Antwort des Philosophen John Rawls mit seiner Theorie der Gerechtigkeit. Diese erläutert Heinrich Bedford-Strohm (2004, 137 f.): „Stellen wir uns vor, wir säßen zusammen und würden darüber beraten, wie wir in einem Staatswesen, das wir uns in der Zukunft vorstellen, Macht, Einkommen und Wohlstand unter uns verteilen wollten. Wir kennen uns gut aus mit den Dingen, wir wissen etwas über Wirtschaft, wir wissen etwas über die üblichen Gewohnheiten und Verhaltensweisen der Menschen. Eines aber wissen wir nicht: welche Rolle wir in diesem Staatswesen einmal genau haben werden. Wir stehen unter einem 'Schleier des Nichtwissens', der uns für die Zeit der Beratung das Wissen darüber verdunkelt hat, ob wir ein Fabrikbesitzer sind oder ob wir zu den Menschen gehören, die ohne Obdach sind und keine Arbeit haben. Wir wissen also nicht, ob wir uns nach der Beratung, wenn der Schleier gelüftet wird, als die Wohlhabenden entpuppen oder als die Ärmsten. Welche Regeln für die Gesellschaft würden wir uns unter diesen Umständen ausdenken? (Absatz herausgenommen R.M.) Die Antwort, die Rawls gibt, ist folgende: Die Menschen würden sich für ein Gerechtigkeitsprinzip entscheiden, das Unterschiede in Macht und Wohlstand zwischen den Menschen nur insoweit zulässt, wie die schwächsten Glieder Vorteile davon haben. Das hat einen einfachen Grund: Jeder und jede von uns, die wir da zur Beratung zusammensitzen, weiß, dass wir uns möglicherweise als Obdachlose oder in anderer Form als Arme entpuppen, wenn sich der Schleier des Nichtwissens lüftet. Da dies eine ziemlich unangenehme Vorstellung ist, werden wir versuchen, die Regeln so zu gestalten, dass wir für diesen schlimmsten Fall unsere Situation soweit wie möglich verbessern können, z.B. indem wir Arbeitsbeschaffungsprogramme für Arbeitslose ins Leben rufen, die aus der Besteuerung der Besserverdienenden bezahlt werden. Es könnte natürlich auch sein, dass wir uns als schwerreicher Industrieboss entpuppen und nun höhere Steuern hinnehmen müssen. Die Aussicht, als Reicher höhere Steuern hinnehmen zu müssen, ist aber ohne Zweifel weniger schlimm als umgekehrt die Aussicht, als Arbeitsloser seinem Schicksal überlassen zu werden. Unter Abwägung der verschiedenen Möglichkeiten ist es das Vernünftigste, die denkbar schlechteste Situation so weit wie möglich zu verbessern".[16] Wichtig mit Meireis ist (im Systemvergleich) darauf hinzuweisen: „Die Ungleichheit einer Gesellschaft, so Rawls, ist nämlich letzt-

16 Vergl. hierzu auch bei Meireis, 2015, 294ff. Martha Nussbaum, zu der wir später kommen werden, betrachtet Rawls Ausführungen zum Urzustand als ungerecht, weil Subjekte, die weniger, geringe oder kaum ausgeprägte geistige und körperliche

endlich nur dadurch zu rechtfertigen, dass diese Ungleichheit auch das Los der Schlechtestgestellten im Vergleich zu einer homogeneren Gesellschaft verbessert. Eine Gesellschaft darf dann als gerecht gelten, wenn sie Freiheitsrechte verbürgt und es denen am unteren Rand immer noch besser geht als denen in einer vergleichbaren egalitäreren Gesellschaft“ (2015, 296). Rawls schränkt die Geltung der Prinzipien auf die liberalen, demokratisch verfassten Gesellschaften ein. Und so kritisiert Sen (2010,99 f.), dass die Welt jenseits der Landesgrenzen bei der Einschätzung der Gerechtigkeit innerhalb des Landes durch Rawls nicht hinreichend Berücksichtigung erfährt. Krebs (2002, 162) kritisiert an Rawls: „Wie es den am schlechtest Gestellten aber absolut gesehen geht, ob ihre Lage eine menschenwürdige ist oder ob es ihnen einfach nur etwas weniger gut geht als den Bessergestellten, dass interessiert das Differenzprinzip nicht“.

Martha Nussbaum antwortet auf Grenzen von Rawls´ Theorie der Gerechtigkeit – jene bewältigt drei Sachverhalte nicht hinreichend: Das Wissen um das Gute ist zu schwach in seiner Theorie, so dass er schließlich nicht in der Lage ist Konflikte bei der gerechten Aufteilung von Gütern zu moderieren; es wird dann nicht hinterfragt, ob Personen, die ihnen zugeteilten Grundgüter überhaupt nutzen können; und es wird nicht hinreichend problematisiert, dass bei der Verteilung der Güter ein Mehr nicht in jedem Fall ein Besser ist (vergl. Möhring-Hesse, 2005 b, 86). Für Martha Nussbaum „ist nicht die Freiheit, etwas zu tun, sondern die Entfaltung der menschlichen Potentiale der zentrale Maßstab der Gerechtigkeit. Dabei spricht Nussbaum von einem zugleich starken und vagen Konzept des Guten: Stark ist dieses Konzept in Bezug auf das Gute, weil es das Gute, das alle Menschen suchen, zum Ausgangspunkt der Erörterung der Gerechtigkeit macht und nicht vorrangig die Freiheit, dasjenige zu tun, was man möchte. Das ist schon deswegen ein starkes Konzept des Guten, weil sie voraussetzen muss, dass feststellbar sei, was die Menschen unabhängig von Herkunft und Weltsicht als basal gut ansehen. Vage ist das Konzept, weil sie (…) keine privilegierte Einsicht in dieses Gute beansprucht, son-

Fähigkeiten haben, hierbei nicht bedacht werden. Aber der Gerechtigkeitsbegriff schließt gerade aus, dass so etwas passiert (vergl. Käfer, 2012). In die Verhandlungen im Urzustand müssten Kinder unbedingt einbezogen werden (vergl. Andresen/Galic, 2015, 80).

dern ihre Liste der Grundfunktionen als erörterbar und erweiterbar ansieht, also auf konkrete Verständigung darüber setzen muss, was ein gutes Menschliches Leben ist. Auf der Liste der Grundfähigkeiten finden sich unter anderem die folgenden. '1. Die Fähigkeit, ein volles Menschenleben bis zum Ende zu führen; nicht vorzeitig zu sterben oder zu sterben, bevor das Leben so reduziert ist, dass es nicht mehr lebenswert ist. 2. Die Fähigkeit, sich guter Gesundheit zu erfreuen; sich angemessen zu ernähren; eine angemessene Unterkunft zu haben; Möglichkeiten zu sexueller Befriedigung zu haben; sich von einem Ort zum anderen zu bewegen. 3. Die Fähigkeit, unnötigen Schmerz zu vermeiden und freudvolle Erlebnisse zu haben. 4. Die Fähigkeit, die fünf Sinne zu benutzen, sich etwas vorzustellen, zu denken und zu urteilen. 5. Die Fähigkeit, Bindungen zu Dingen und Personen außerhalb unserer selbst zu haben, diejenigen zu lieben, die uns lieben und für uns sorgen, und über ihre Abwesenheit traurig zu sein, allgemein gesagt: zu lieben, zu trauern, Sehnsucht und Dankbarkeit zu empfinden. 6. Die Fähigkeit, sich eine Vorstellung vom Guten zu machen und kritisch über die eigene Lebensplanung nachzudenken. 7. Die Fähigkeit, für andere und bezogen auf andere zu leben, Verbundenheit mit anderen Menschen zu erkennen und zu zeigen, verschiedene Formen von familiären und sozialen Beziehungen einzugehen. 8. Die Fähigkeit, in Verbundenheit mit Tieren, Pflanzen und der ganzen Natur zu leben und pfleglich mit ihnen umzugehen. 9. Die Fähigkeit, zu lachen, zu spielen und Freude an erholsamen Tätigkeiten zu haben. 10. Die Fähigkeit, sein eigenes Leben und das eines anderen zu leben. 10 a. Die Fähigkeit, sein eigenes Leben in seiner eigenen Umgebung und in seinem eigenen Kontext zu leben.'(Nussbaum 1999: 57 f.)" (Meireis, 2015, 297 f.).[17] Diese „Eckwerte" eines guten Lebens sind eine vorzügliche Antwort auf die dramatisch schlechte Lebenslage von Hartz IV-Empfängern/-innen und im Kontrast zu dieser Lebenslage wird da-

17 Martha C. Nussbaum: Der aristotelische Sozialdemokratismus, in: Dies.: Gerechtigkeit oder Das gute Leben, Frankfurt am Main 1999, 24-85 Vor dem Hintergrund der Überlegungen von Nussbaum zu dem guten Leben erfolgten Interviews von Sabine Andresen und Danijela Galic (2015) zu einem guten Leben mit Familien mit der Kindern zusammen. Es waren Familien in Armut (S. 82-103). Durch die Antworten von Kindern und Eltern in Armut erfuhr die Aufzählung von Martha C. Nussbaum eine lebensweltliche qualitative Vertiefung.

durch ein erhebliches Gerechtigkeitsdefizit deutlich. Mittels der Liste der Grundfähigkeiten kann man einen „Sinn für Ungerechtigkeit" entwickeln (vergl. zum „Sinn für Ungerechtigkeit" bei Liebsch, 2005, 123-127).[18] Bei Nussbaum warten der Staat/die Politik nicht ab, wer zu den Zukurzgekommenen gehört. Vielmehr schafft der Staat proaktiv ein umfassendes Unterstützungs- und Bereitstellungssystem (vergl. Möhring-Hesse, 2005 b, 88; vergl. Andresen/Galic, 2015, 81). Und M. Nussbaum weist darauf hin, dass die Fähigkeiten sich entwickeln müssen bzw. entwickelt werden und dass das wiederum einen großen Einfluss auf die Verwirklichungsmöglichkeiten hat. So entscheidet sich an der Entscheidung, gegen den eigenen Analphabetismus vorzugehen, die Chance zu einem aufgeklärten und informierten Leben, was wiederum die Menge an Verwirklichungsmöglichkeiten von morgen beeinflusst (vergl. hierzu bei Leßmann, 2007, 160).

Dann wäre noch der Capability-(Befähigungs-)Ansatz von Amartya Sen zu erwähnen, „der im Blick auf eine gerechte Verteilung von Lebenschancen nach den institutionellen Arrangements für die Ausbildung von Fähigkeiten zur Verwirklichung (*functioning*) eigener, freiheitlicher Lebenspläne fragt" (Jähnichen, 2015, 67).[19] Damit zeigt er Grenzen und Defizite der traditionellen sozialstaatlichen Leitidee der Verteilungsgerechtigkeit auf. Sen kritisiert an Rawls, dass eine gleiche Ausstattung ungleicher Personen dazu führt, dass die daraus resultierende Handlungsfreiheit der Personen ungleich ist (vergl. Scholtes,

18 Ganz entgegen den Ausführungen von Liebsch (vergl. 2005, 126), der festhält, dass der Sinn für Ungerechtigkeit zunächst offen lässt, auf welche Gerechtigkeit die wahrgenommene und zur Sprache gebrachte Ungerechtigkeit eigentlich abzielt oder abzielen sollte, scheint mir das Sprechen von Ungerechtigkeit immer schon unter einem mehr oder weniger bewusst antizipierten Horizont einer gerechten Welt stattzufinden. Dadurch wird dem Verhalten eine Dynamik für eine verbesserungsbedürftige Praxis gegeben (s.a. S. 131).

19 Im Sinne einer Befähigungsgerechtigkeit rsp. von Verwirklichungschancen ist es kritisch zu hinterfragen, wenn junge Erwachsene unter dem Druck von Hartz IV nicht mehr den Schulweg bis zum Abitur gehen oder nicht die ausreichende Möglichkeit bekommen durch Nebenjobs ausreichende finanzielle Ressourcen für das Studium anzusparen. Die unterschiedlichen Voraussetzungen für die Förderung von jungen Menschen, etwa weil aufgrund geringer finanzieller Möglichkeiten kein Nachhilfeunterricht genommen werden kann oder Bücher für die Fortbildung angeschafft werden können, sind hinsichtlich von Verwirklichungschancen im Horizont von Bildungschancen zu problematisieren (vergl. hierzu bei: Meireis, 2015, 314-318).

2005, 29). „Da nicht jedes Individuum im gleichen Maße in der Lage ist, die Mittel zur Freiheit auch zu nutzen, so wie nicht jedes Individuum im gleichen Maße in der Lage ist, die Mittel zum Wohlergehen zu nutzen, weil sich die Individuen in vielen Eigenschaften unterscheiden, gibt die Verteilung der Grundgüter nicht die Verteilung des Ausmaßes an Freiheit wieder" (Leßmann, 2007, 134). „Das Wohlergehen eines Menschen kann (…) nicht an seinem Güterbesitz abgelesen werden, weil die Menschen unterschiedliche Bedürfnisse haben und somit auch einen unterschiedlichen Bedarf an Gütern" (dies., 136; vergl. Sen, 2010, 94, 261, 288 f.). „Sens Grundidee ist relativ einfach: Soziale Gerechtigkeit lässt sich nicht allein daran messen, wie Geld oder Güter oder auch Nutzen und Wohlbefinden in der Gesellschaft verteilt sind, sondern sie bezieht sich auch auf das Ausmaß, in dem den Individuen reale Freiheitsmöglichkeiten (eben die Verwirklichungschancen) zur Verfügung stehen. Bei den Verwirklichungschancen geht es um die ′Fähigkeiten des Menschen, seine selbst gewählten Zwecke zu verfolgen′. Diese Fähigkeit (wir können sie auch als reale Freiheit bezeichnen) hängt keineswegs allein von der Verteilungsgerechtigkeit im engeren Sinne – also von der Verteilung von Geld und Gütern – ab. Vielmehr ist Verteilungsgerechtigkeit lediglich einer von zahlreichen anderen Faktoren, die darüber entscheiden, in welchem Umfang Individuen die Möglichkeit haben, ihre Potenziale zu entwickeln, sich selbst aktiv zu betätigen und etwas aus ihrem Leben zu machen. So kann etwa trotz gleich hohen Einkommens für verschiedene Menschen je nach den konkreten Bedingungen der reale Freiheitsspielraum durchaus ganz unterschiedlich sein, je nachdem, in welchem sozialen und kulturellen Umfeld sie leben, ob sie jung oder alt sind, in welchem Gesundheitszustand sie sich befinden, welche Lebenseinstellung, Vorlieben und Präferenzen sie haben usw. Der wichtigste Faktor aber ist der Grad an Aktivität, mit dem ein Individuum den ihn gegebenen Spielraum zu nutzen versteht, wobei diese Fähigkeit zur Aktivität ihrerseits wieder von den gesellschaftlichen Bedingungen abhängt" (Ebert, 2012, 140 f.). „Das Konzept der Verwirklichungschancen macht sichtbar, dass sich das Ziel der sozialen Gerechtigkeit auf einen dynamischen Prozess bezieht. Ob eine gegebene Situation gerecht oder ungerecht ist, ob ein Individuum oder eine soziale Gruppe ungerecht behandelt wird, ist nicht allein eine Frage eines statischen Zustands" (ders., 142). Sens

Capability-Ansatz unterscheidet sich von dem von Martha Nussbaum, dass er bewusst keine (vollständige) Liste konkreter Verwirklichungschancen vorlegt. Aber er betont ganz stark den Freiheitsaspekt, ganz konkret in der Freiheit vom Zwang (vergl. Leßmann, 2007, 144). Hartz IV zeigt hingegen auf: Langzeitarbeitslose werden infolge von Geschlecht, Alter, Qualifizierung, Gesundheit oder Behinderung gewissermaßen in die Arbeitslosigkeit hineingezwungen, woraus wiederum geringere Verwirklichungschancen resultieren (vergl. Volkert, 2005 b, 130), weil z.B. die Entscheidungs- und Handlungsfreiheit unter der Situation der Langzeitarbeitslosigkeit eingegrenzt wird.[20] Weil die Menge an realisierten Funktionen (also das, was jemand tatsächlich zu tun fähig ist) bei Hartz IV-Empfängern/-innen sehr beschränkt sein kann, kann eine Scham dazu kommen, sich öffentlich zu zeigen, Gäste in die Wohnung zu lassen, Kinder an Geburtstagsfeiern sich beteiligen zu lassen usw. Aus dieser Scham heraus wird die Freiheit des Menschen, das Leben zu führen, das sie wollen, beschädigt (vergl. zur Scham Sen, 2000, 91 und 93 f.; 2010, 283). Hohe Einkünfte bedeuten nicht automatisch hohe Verwirklichungschancen, wenn Krankheit und Behinderung dazu treten (vergl. Sen, 2010, 262, 281 und 283). Ein behinderter und schwerkranker Mensch benötigen ein höheres Einkommen, um dieselben Funktionen (z.B. am Gemeinschaftsleben teilzunehmen) zu erreichen (sofern dies überhaupt möglich ist) (vergl. Sen, 2000, 111) rsp. um einen bestimmten Lebensstil zu realisieren. Verwirklichungschancen sind nicht gegeneinander abgleichbar, sie sind von Mensch zu Mensch, von Kultur zu Kultur, von Gesellschaft zu Gesellschaft different (vergl. Sen, 2010, 267 f.; s.a. 2000, 89ff.). So ist das, was zum „guten Leben" für einen Menschen wichtig ist, von Situation zu Situation und von Lebenslage zu Lebenslage verschieden. Verwirklichungschancen können für einen Menschen darin bestehen, ein Auto vorzuhalten; für den Nächsten kann das präventive Handeln hinsichtlich der Gesundheit bedeutsam sein und für den Dritten im WWW präsent zu sein (vergl. dazu Sen, 2000, 94ff.).

---

20 Gesellschaftliche Rahmenbedingungen können Verwirklichungschancen flankieren bzw. zur Option werden lassen. So entscheidet der Zugang zum Aus- und Weiterbildungssystem, die Transparenz des Aus- und Weiterbildungssystem und die Kostenfreiheit des Aus- und Weiterbildungssystem letztendlich darüber, ob Verwirklichungschancen bestehen (vergl. Volkert, 2005 b, 122 f.; s.a. 128 f.).

In einer Denkschrift zur Armut in Deutschland entfaltet der Rat der EKD (2006) das Konzept der Teilhabegerechtigkeit. In dem Konzept der Teilhabe- oder Beteiligungsgerechtigkeit werden Befähigungsgerechtigkeit sowie die Bedarfs- und Verteilungsgerechtigkeit aufeinander bezogen. Das Konzept der Teilhabe- oder Beteiligungsgerechtigkeit „zielt wesentlich auf eine möglichst umfassende Integration aller Gesellschaftsmitglieder. Niemand darf von den grundlegenden Möglichkeiten zum Leben, weder materiell noch im Blick auf die Chancen einer eigenständigen Lebensführung, ausgeschlossen werden" (Nr. 60). Teilhabegerechtigkeit meint „die Eröffnung eines elementaren Anspruchs auf Teilhabe an den Lebensmöglichkeiten der Gesellschaft". Mit dem Konzept der Teilhabegerechtigkeit wird festgestellt, dass keine einseitige Konzentration auf die Verteilungsgerechtigkeit erfolgen darf, weil das einen Wohlfahrtspaternalismus befördern könnte, was geradezu für eigenverantwortliches Handeln kontraproduktiv wäre. Formal die Befähigungsgerechtigkeit im Auge zu haben würde nicht den Blick auf die für die Verwirklichung einzelner Schritte notwendigen Ressourcen lenken. Diese müssen zur Verfügung stehen, damit Befähigungsgerechtigkeit auch gelebt werden kann (vergl. Nr. 61). „Teilhabe-, Befähigungs- und Verteilungsgerechtigkeit markieren das Fundament eines theologisch-sozialethisch begründeten Verständnisses von Gerechtigkeit. Auf diesem Fundament fordert evangelische Ethik für alle Menschen den Zugang zu den Grundgütern der Gesellschaft, eine grundlegende soziale Sicherung und eine Qualifikation aller für die Sphäre des gesellschaftlichen Austauschs. Diese Sphäre des gesellschaftlichen Austauschs ist in gerechtigkeitstheoretischer Perspektive wesentlich von der Tauschgerechtigkeit bestimmt. In dieser Sphäre werden auch bei strikter Gleichbehandlung aufgrund eines unterschiedlichen Leistungsvermögens sowie zufälliger Umstände gesellschaftliche Ungleichheiten hervorgerufen. Diese Ungleichheiten sind dann zu tolerieren, wenn auch diejenigen, die am schlechtesten gestellt sind, davon Vorteile haben, indem ihre Teilhabe an den wirtschaftlichen und sozialen Prozessen wächst" (Nr. 63). Wenn Teilhabe konkretisiert wird, dann darf Teilhabe nicht exklusiv an der Partizipation an der Erwerbsarbeitsgesellschaft festgemacht werden. Viel Sinn ist im bürgerschaftlichen Engagement zu finden. Aber das darf kein Trost für die Erwerbslosen sein – Erwerbsarbeit ist wichtig im Leben eines Menschen. Der Verlust von Erwerbsarbeit zeichnet die Menschen. Aber dennoch führt eine Verengung des Arbeitsbegriffes auf Erwerbsarbeit zu einer Benachteiligung derer, die sich in der Familienarbeit engagieren (vergl. Nr. 71). Unter Hinsicht der Bedarfsgerechtigkeit fokussiert der Rat der EKD „ein über das materielle Existenzminimum hinausgehendes Grundeinkommen" (Nr. 75). Die Bildungsfrage wird hinsichtlich Teilhabechancen besonders in den Blick genommen und es wird hierbei gesehen, dass entscheidende Weichenstellungen schon bei kleinen Kindern möglich und notwendig sind: „frühe Förderung, die Stärkung der Erziehungskompetenz der Eltern und ihre Entlastung" (Nr. 104) usw. Dabei wird die Bedeutung einer Orientierung an einem nicht besonders enggeführten Bildungsverständnisses betont – nur Wissensvermittlung greift zu kurz (vergl. Nr. 105). Aber auch Paten, die Kinder und Jugendliche auf ihrem Weg in die Berufsausbildung begleiten, werden erwähnt (vergl. Nr. 119). Kindertagesstätten in sozialen Brennpunkten sind finanziell zu stärken (vergl. Nr. 118). Wichtig scheint mir der Hinweis auf den Pygmalion-Effekt zu sein (vergl. Nr. 112). Da Kinder aus Hartz IV-Haushalten häufiger als weniger begabt, weniger leistungsbereit und weniger leistungsstark eingeschätzt werden, trägt dieser Effekt dazu bei, dass diese nicht die Förderung erhalten, die diese verdient hätten.[21] Und es gibt ein Teilhabe-Defizit auf der Gemeindeebene (Nr. 138): „Die Gründe für diese mangelnde Beteiligung liegen in erheblichen emotionalen, kulturellen und sozialen Distanzen. Es ist die Erfahrung habitueller Ablehnung durch die in den Kirchengemeinden herrschenden Milieus, die diese Menschen (Arme, Arbeitslose R.M.) deutlich spüren. 'Ihr gehört nicht zu uns, bleibt deswegen fort!', das ist das, was Menschen viel zu oft bereits an Blicken und Gesten anderer in Kirchengemeinden, aber auch in anderen gesellschaftlichen Einrichtungen, erfahren. Während sich Menschen aus der Mittelschicht in den Kirchengemeinden wohl fühlen können, ist diese Erfahrung bei den Ärmeren selten zu finden".[22] Und Claudia Schulz schreibt ergänzend zu dem zuletzt genannten Befund:

---

21 Vergl. hierzu Hinweise in „DER SPIEGEL" vom 12.3.2016 mit dem Schwerpunkt „Die geteilte Nation" sowie bei Dietz, 2016, 308 und 313.

22 Im Sinne des Gedankengangs der EKD-Denkschrift zur Teilhabegerechtigkeit macht sich Petra Bahr (vergl. 2015, 430ff.) Gedanken zur kulturellen Teilhabe. Es ist kulturelle Teilhabe zu ermöglichen. Hier bedingen sich Aspekte der Beteiligungs-

„(…) je stärker etwa in Kirchengemeinden die Armen aus dem alltäglichen Erscheinungsbild verschwinden, auf Konfirmandenfreizeiten ebenso fehlen wie in der Flötengruppe oder in Angeboten der Erwachsenenbildung, desto stärker wirkt diese Abkopplung, desto schwerer ist Teilhabe zu realisieren“ (2007, 8).

Unter dem Leitbild des „Gender Mainstreaming“ (vergl. Schnabl, 2005) wird es als gerecht betrachtet, wenn der Differenzaspekt zur Geltung kommt, „weil Frauen nicht automatisch das tun müssen (oder sollen), was Männer in der Regel tun (oder wollen)“ (S. 74). Aber der Differenzaspekt darf wiederum nicht zu Benachteiligung und Diskriminierung führen, dahingehend dass die bisherigen männlichen Lebens- und Erwerbsverläufe zur Norm der Gesellschaftsordnung werden. Es kann eine Ungerechtigkeit sein, wenn man nicht die Differenzen und besonderen Umstände von Frauen beachtet, z.B. die besondere Situation von alleinerziehenden Frauen im Hartz IV-System. Aber manchmal kann die Berufung auf die Differenz eine bestehende Ungerechtigkeit verschleiern – z.B. bei den Löhnen in „Frauenberufen“ und das damit verbundene Problem als Frau häufiger „Aufstocker“ bei Hartz IV-Leistungen zu sein. Frauen müssen dann als Gleiche behandelt werden, damit sie ein gutes Auskommen mit einem gerechten Lohn haben. Die Gleichheitsforderung macht Sinn vor dem Hintergrund real existierender Differenzen, die gerade nicht als „Naturereignis“ zu betrachten sind. Auch Frauen dürfen im gesellschaftlichen Diskurs über die Verteilung von Arbeit, von gerechtem Lohn, von der Anerkennung von Care-, Familien- und Hausarbeit Vorstellungen und

und Befähigungsgerechtigkeit. Auch wenn gewisse Milieus nicht die Kunst an Bühnen, bei Orchestern, Musikschulen oder Theatern nachfragen, so darf man das nicht fatalistisch als unveränderbar hinnehmen. So kann die eröffnete Möglichkeit für ein Kind, ein Instrument zu lernen, der Schritt dazu darstellen, dass es die Eltern nun nicht mehr befremdlich empfinden, mit dem Kind ein Sinfoniekonzert zu besuchen. Wenn Erwachsenen die finanziellen Spielräume für kulturelle Bildung eröffnet werden, erst dann wird sich letztendlich herausstellen, ob die Oper ein Raum für wenige sei. Und die Altersforschung zeigt, dass die Auseinandersetzung mit Kunst die mentale Mobilität ebenso fördert wie auch das reflektierte Selbst- und Weltverhältnis. Indem öffentlich geförderte Kunst und Kultur bereitgestellt wird, werden sich vermutlich auch sozial Schwache erst vorstellen können, diese dann auch nachzufragen. Ein Schauspiel- oder Tanzschulangebot muss nicht notwendig privatwirtschaftlich organisiert sein.

Maßstäbe formulieren und anders als die Männer sagen, was geht, was nicht geht und wie es geht.

2.5. Menschenrechte

Michael Haspel (2011, 92 f.) wies im Zuge des Hinweises auf die „Allgemeine Erklärung der Menschenrechte" (AEMR) auf die wirtschaftlichen, sozialen und kulturellen Menschenrechte, als Ausformung des Schutzes der Menschenwürde, hin – vertieft aber im Verlauf der weiteren Überlegungen die 2. Generation der Menschenrechte nicht weiter. Er wies lediglich auf die Ratifizierung des „Internationalen Paktes über wirtschaftliche, soziale und kulturelle Rechte" (Sozialpakt) 1976 (vergl. S. 94) hin. Die Artikel 22-28 der AEMR, die Franz Segbers ausführlicher vorstellte (2016, 45ff.), führen die wirtschaftlichen, sozialen und kulturellen Rechte näher aus, die für die Würde und die freie Entwicklung der Persönlichkeit unentbehrlich sind (vergl. Haspel, 2011, 97): Ein Recht auf Arbeit (Artikel 23), ein Recht auf Erholung (Artikel 24), ein Recht auf einen angemessenen Lebensstandard in Bezug auf Nahrung, Kleidung, Wohnung, ärztliche Versorgung und das „Recht auf soziale Sicherheit" (Artikel 22) bei Arbeitslosigkeit, Krankheit, Invalidität oder Verwitwung, ein „Recht auf Bildung" (Artikel 26) sowie ein „Recht auf Beteiligung am kulturellen Leben" (Artikel 27) (vergl. Segbers, 2016, 45).

Haspel widerspricht der Vorstellung von einer 1., 2. und 3. Generation der Menschenrechte zu sprechen. Es erweckt den Eindruck, dass es so etwas wie ursprüngliche und „so etwas wie sekundäre Arten von Menschenrechten" (ders., 2011, 99) gibt. Das widerspricht nach seiner Einschätzung dem Anliegen der AEMR. Man sollte daher von unterschiedlichen Dimensionen der Menschenrechte sprechen (vergl. ders., 99).

Während der Zivilpakt eindeutig individuelle Ansprüche formuliert, so ist im Sozialpakt eher von einer Zielbestimmung staatlichen Handelns zu sprechen (vergl. ders., 99). Der Zivilpakt und der Sozialpakt sind ein Zwillingspakt: „Bürgerliche und politische Rechte implizieren deshalb auch soziale Ansprüche, die Freiheit, Gleichheit und Teilhabe erst ermöglichen (...)" (ders., 101). Man darf aber auch nicht dahin kommen „soziale Rechte auf Kosten der Freiheit und der sie verbürgenden bürgerlichen Rechte durchsetzen zu wollen" (vergl. ders.).

„Rechte auf Arbeit (einen Arbeitsplatz) und auf Bildung bezeichnen in freiheitlichen Staaten zwar zentrale Staatsaufgaben, aber kein subjektiv einklagbares individuelles Recht" (Honecker, 2016, Sp. 1005 f.). Im Sozialstaat besteht aber ein rechtlich einklagbarer Anspruch auf Daseinsfürsorge. In einem Sozialstaat im Horizont der Menschenrechte dürfen Forderungen nach materieller Gleichstellung und sozialem Ausgleich formuliert werden – und damit sind wir beim Gerechtigkeitsaspekt. „Menschenrechtlich ist (…) eine leistungsunabhängige Grundsicherung geboten. Verschiedentlich wird vertreten, dass diese in der Einführung eines bedingungslosen Grundeinkommen[s R.M.] für alle Menschen ihren deutlichsten Ausdruck finden würde. Die damit geforderte Entkoppelung von Lohnarbeit und Einkommen bedeutet eine Kritik an gesellschaftlichen Verhältnissen, in denen Leistungsgerechtigkeit zu einem alles beherrschenden gesellschaftlichen Prinzip und der Erhalt von Lohnarbeit zu einem Ziel an sich geworden ist" (vergl. Evangelische Kirche im Rheinland: Auszug aus dem Protokoll der Landessynode der Evangelischen Kirche im Rheinland vom 12. Januar 2011; Vorlage des Ständigen Theologischen Ausschusses an die Landessynode „Chance für eine gerechtere Welt", S. 18; siehe hier z.B. bei Attac Deutschland, wo im Sinne des Art. 25 der Allgemeinen Erklärung der Menschenrechte ein bedingungsloses Grundeinkommen gefordert wird [Rätz/Paternoga, 2017, 40]).

Die Kirche soll, wenn sie im Interesse der Menschenrechte handeln will, „Stimme der Vergessenen und Stummen sein" (Honecker, 2016, Sp. 1009). Darin drückt sich der inhärente Sinn der Menschenrechte aus, wie er von den Schwachen, den Opfern, den Frauen gesehen wird (vergl. Ignatieff, 2002, 90) – siehe die „Vorrangige Option für die Armen".

3. Ein umfassendes Lösungspaket

Schneider (2015 b) betont zurecht, dass die Bereitschaft zum Teilen, zum Umverteilen, zu angemessenen Antworten auf die Armut sich daran entscheidet, ob man mitfühlend und empathisch die Armut sieht (vergl. S. 50). Solange Armut wegdiskutiert wird, Arme stigmatisiert werden, mit Rechentricks die Bedeutung von Armut kleingerechnet wird und noch weitere Verdrängungsmechanismen hier greifen, wird sich hier wenig bewegen. Die „Coolness" (vergl. Platta, 2012, 31 f.), mit der das Hartz IV-Debakel wegdiskutiert wird, gilt es zu überwinden.

Auch die soziale Herkunft wird einen Einfluss darauf haben, ob man zum Teilen rsp. zum Umverteilen bereit ist. Es ist am wenigsten bei der aus dem Großbürgertum stammenden Elite aus dem Sektor Wirtschaft zu erwarten (vergl. Hartmann, 2013, 124, Tab. 3.1.).

Es gibt viele Reformvorschläge zu Hartz IV (vergl. z.B. Wagner, 2008, 162-164). Diese bewegen sich allerdings häufig in den Grenzen sozialstaatlicher Arrangements. Deswegen nun nachfolgend ein umfassendes Lösungspaket, das „klassische" sozialpolitische Empfehlungen – wie die eines „dritten Arbeitsmarktes" – zurücklässt und sich wesentlich inklusiver versteht. Auch wird in einem umfassenden Sinn mit der Notwendigkeit einer Kultur des Teilens radikal Ernst gemacht, wohl wissend, dass dazu noch mehr Solidarität in der Gesellschaft aufgebaut werden müsste.

Die Überlegungen radikalisieren die von Stephan Lessenich und Matthias Möhring-Hesse gemachten Überlegungen zum Leitbild eines „demokratischen Sozialstaates" (vergl. hier Hans Böckler Stiftung, 2007, 17 f.). Und mit Margalit (1997) gesagt, müsse die Wohltätigkeitsgesellschaft, sprich Gesellschaft der Tafeln, als struktureller Pfeiler der Armutsbekämpfung, überwunden werden, damit es eine anständige Gesellschaft wäre (vergl. S. 256ff.).

Die Überlegungen wissen sich auch Margalits Überlegungen zu einer anständigen Gesellschaft dahingehend verpflichtet, wonach ernsthafte Versuche zu unternehmen seien, jedem Bürger „irgendeine

Art von sinnvoller Beschäftigung zur Verfügung zu stellen, oden ihn wenigstens bei der Suche nach einer solchen Beschäftigung zu unterstützen" (S. 291 f.). „Eine anständige Gesellschaft ist nicht verpflichtet, jedem Menschen zur Bestreitung seines Lebensunterhaltes einen Arbeitsplatz zur Verfügung zu stellen, wenn sie ihm auch durch andere Mittel ein Mindesteinkommen garantieren kann; sie ist aber verpflichtet, all ihren Mitgliedern die Möglichkeit einer angemessenen und sinnvollen Beschäftigung (...) zu bieten" (S. 292). Aber die Ausführungen auf Seite 287 f. zeigen, dass im kulturellen Kontext, also im Kontext einer Arbeitsgesellschaft, um Demütigung zu vermeiden, die Partizipation an der Arbeitsgesellschaft sichergestellt werden müsste.

Die nachfolgenden Ausführungen können vielleicht eine Antwort liefern auf die vielen Bedenken, die Gerhard Wegner (2017) zum bedingungslosen Grundeinkommen hat. So wie nachfolgend argumentiert und begründet wird, wird sehr wohl ein Handlungsspielraum eröffnet, damit Ungleichheit verringert und einer Spaltung der Gesellschaft vorgebeugt wird. Auch können Regelungen getroffen werden, damit nicht die Befürchtung von Christoph Butterwegge Wirklichkeit wird, wonach nach ihm vermutlich mit der Einführung des Grundeinkommens Gehälter von z.B. Krankenschwestern, Erzieherinnen und Altenpflegerinnen sinken werden (vergl. ders. in: chrismon 11/2017, 27).

3.1. Arbeit teilen

Teilen,[23] das bedeutet zunächst Arbeit zwischen Frauen und Männern teilen, auf allen Ebenen und in allen Dimensionen. Wenn Frauen und Männer wirklich solidarisch hinsichtlich der zu verteilenden Arbeit wären, dann müsste ein Mix von lohnabhängiger Erwerbsarbeit/freiberuflicher Arbeit, Hausarbeit/Care-Arbeit, Ehrenamt und Freizeit (Muße-Zeit, Hobbys) realisiert werden können. Eine 25-25-25-25 Stundenlösung wöchentlich ist anzustreben, für jeden und jede. Damit

23 Walter Pfannkuche (2005) geht hier nicht weit genug. Er sah das Teilen entsprechend der konjunkturellen Situation und mit dem dann dementsprechenden Verzicht auf Einkommen.

diese Lösung finanziell gestärkt wird, die Grundbedürfnisbefriedigung und gesellschaftliche Teilhabe besser gelingen, ist dies zu flankieren mit der Einführung eines bedingungslosen Grundeinkommens und der Möglichkeit der Erwirtschaftung von Gütern und Dienstleistungen durch die Teilnahme an Tauschringen. Für eine bessere Refinanzierung des bedingungslosen Grundeinkommens sollte u.a. eine Finanztransaktionssteuer und eine Finanzaktivitätssteuer eingeführt werden. Alle – also auch Beamte und Selbstständige – müssen entsprechend ihrer Leistungsfähigkeit zur Finanzierung des Grundeinkommens beitragen. Erheblich mehr steuerliche Spielräume sind auszuschöpfen – aber dazu mehr im Abschnitt zum bedingungslosen Grundeinkommen. Auch sollte die Diskussion zum gerechten Lohn nicht aus den Augen verloren werden: Care-Erwerbsarbeitsplätze sind finanziell besserzustellen, Managergehälter sollten begrenzt werden. Eine Lohnspreizung um das über hundertfache ist nicht akzeptabel und mit dem Aspekt der Leistungsgerechtigkeit nicht zu begründen (vergl. Winkelmann, 2012, 159-161). Diese verletzt auch das Gerechtigkeitsempfinden (vergl. Diefenbacher u.a., 2016, 345). Kommunikation, Beziehungsaufbau und Empathie sind auch Arbeit und für Arbeit wertvoll und daher auch finanziell wertzuschätzen. Selbstsorge, Zeit für Muße und für eigene Interessen ist ein angemessener Raum zu geben. Teilhabe darf nicht ausschließlich über die Teilnahme an der Erwerbsarbeitsgesellschaft katalysiert werden. Hier verschränkt sich „Teilen" auf unterschiedlichen Ebenen. Das Teilen der Arbeit soll verhindern, das Frauen und Erwerbslose auf Bereiche „neben" dem Arbeitsmarkt verwiesen werden.[24]

---

24 Vergl. zum bedingungslosen Grundeinkommen z.B. Rätz/Paternoga/Steinbach, 2005. Die Überlegungen finden auch statt vor dem Hintergrund der Ausführungen von Winker (2015; s.a. Neumann/Winker, 2017) zur Care Revolution (vergl. besonders S. 159) und von Haug (2012) zur Vier-in-Einem Perspektive sowie von Schnabl (2005) zu Gender Mainstreaming und den darin gemachten kritischen Anmerkungen zur Gleichstellungspolitik (vergl. S. 68ff.) – Frauen müssen nicht automatisch das tun (oder sollen), was Männer in der Regel tun (oder wollen) (vergl. S. 74). Ein Vorläufer dieser Gedanken ist das „postindustrielle Gedankenexperiment" von Fraser, aus dem Jahr 1994, wo überlegt wurde, dass produktive und reproduktive Tätigkeiten zwischen den Geschlechtern gleichmäßig verteilt werden müssten. Vor allem die einseitige Zuweisung der Reproduktionsarbeit zu den Frauen gilt es zu überwinden (vergl. Nierling, 2013, 27). In den Ausführungen verschmelzen der Gleichheitsaspekt und der Differenzaspekt, weil etwa sexistische

Teilen, das kann auch bedeuten Rotationsarbeitsplätze zu etablieren. Dadurch wird Verdrängungsspiralen (z.B. in Leiharbeitsplätze)[25] vorgebeugt resp. Teilhabe stärker ermöglicht. In der durch die Rotation entstehenden freien Zeit von der Erwerbsarbeit kann dann ein Spielraum für ein Qualifizierungs- resp. Weiterbildungsengagement entstehen. Davon können vor allem ältere Arbeitnehmer profitieren (siehe hierzu auch Straubhaar, 2017, 80-83).

Damit das Teilen der Arbeit gelingt, gilt es den Menschen zu vermitteln, dass sinnerfülltes Leben auch jenseits der Erwerbsarbeit möglich ist – auch in der freiwilligen Tätigkeit im Ehrenamt und sogar in der Familienarbeit. Jedes Handlungsfeld birgt seine eigenen unersetzbaren Anerkennungserfahrungen, die das Leben bereichern, so dass kein Handlungsfeld im Leben fehlen darf. Und: Sinnerfülltes Arbeiten in einem Handlungsfeld birgt erst das Potential, um zum sinnerfüllten Handeln in einem anderen Handlungsfeld finden. Wie oft liest man, dass mit der Erwerbsarbeitslosigkeitserfahrung auch die Motivation zum ehrenamtlichen Engagement erlahmt. Und auf eine intensive Care-Arbeit im Haushalt entsteht erst der Raum für das bewusste und intensive Erleben der Muße-Zeit.

Teilen von Arbeit gelingt nur, wenn die Persönlichkeit des Menschen sich wandelt. Selbstfindung darf nicht allein über die Teilnahme an der Erwerbsarbeitsgesellschaft definiert werden.[26] Care-Arbeit im

---

Tendenzen sich in materieller Ungleichheit und Ungerechtigkeit niederschlagen – Umverteilung **und** Anerkennung sind nebeneinander zu realisieren, Umverteilung (von Zeit, Arbeit und Einkommen) kann auch Ausdruck von Anerkennung sein (vergl. dazu Spieß, 2008, 531-534). Siehe auch die Diskussion bei Krebs (2002, 205 f.). Diese macht auch deutlich, dass es durch die Einführung eines bedingungslosen Grundeinkommens nicht dazu kommen darf, dass das Recht auf Arbeit ausgehölt wird, weil dadurch in einer Arbeitsgesellschaft soziale Zugehörigkeit ermöglicht wird (vergl. S. 227). S.a. Stahmer (2006; 2007). Für Blaschke (2017, 209) ist die Verkürzung der Erwerbsarbeit und das mehr-Zeit-haben für andere Tätigkeiten ein Transformationsprojekt auf dem Wege zur Postwachstumsgesellschaft (siehe dazu weiter hinten unter 3.10.).

25 Zum Problemhintergrund von Leiharbeitsplätzen vergl. Hannemann (2015, 69-74, 172-185).

26 Thomas Wagners Porträts zeigen, dass diese „Kinder der Arbeitsgesellschaft“ sind. „Ihr Denken und Handeln ist von der Auffassung geprägt, dass Leben sich um Erwerbsarbeit drehe. Sie suchen einen Platz in dieser Gesellschaft, in der vorrangig die Beteiligung an der Erwerbsarbeit über das ´Drinnen´ und ´Draußen´ entscheidet“ (2008, 172).

Haushalt sollte als die Persönlichkeit bereichernde Tätigkeit entdeckt werden. Es muss als Geschenk des Lebens betrachtet werden können, mit Beziehungsarbeit betraut zu sein. Das Teilen der Arbeit wird nur gelingen, wenn Männer darin einwilligen, eine „hegemoniale Männlichkeit“ abzulegen, „die sie in die Kategorie von Erzeuger, Ernährer und Beschützer einordnet“ (Hengsbach, 2015, 142). „Aufgabe der Männer wird sein, die Rolle der Vater-Kind-Beziehung zu lernen, mehr Familienarbeit zu übernehmen, sich für den Erhalt der natürlichen Umwelt zu sensibilisieren, Gewaltpotentiale abzubauen, ein Leben jenseits der Erwerbsarbeit zu entdecken und sich als Teilzeitarbeiter, Vater und Erzieher zu erleben“ (ders., 142). Das bedeutet auch, dass Männer die Hausarbeit nicht als Frauenarbeit betrachten dürfen und die Sorgfaltspflicht auch hier walten lassen. Frauen müssen Männer in die Küche „hineinlassen“.[27] Eitelkeiten müssten zurückgelassen werden, um für den Abwasch und das Bügeln bereit zu sein. Der Ehrenamtssektor darf nicht von „Machern“ und „Macherinnen“ besetzt werden, wo sich „Vielfachehrenämtler“ finden. Zeit für sich zu nehmen, Zeit für Freundschaftskontakte und Zeit für die Natur sich zu nehmen gilt es im Leben einzuüben. Die Zeit zum Staunen zu finden und in der Sehnsucht nach einem guten Leben zu leben, macht einen bereit die toxischen Phänomene von Viel-Arbeit in einem Bereich zurückzulassen. Bei einem Hobby in den „Flow“ (vergl. Ulfig, 2003, 66-77; Terstegge, 2014) zu finden ist als die Persönlichkeit bereichernde Erfahrung zu genießen.[28]

Durch das Teilen von Arbeit entsteht ein höherer Bedarf an Teamarbeit. Dort wo alleinige Chefs oder Vereinsvorsitzende bisher agierten wird es notwendig Arbeit mehr zu koordinieren, Vertrauen in die Leis-

27 So zeigen aktuelle Befunde, dass Frauen Männern im Bereich der Hausarbeit zum Großteil nicht zutrauen, „diese Aufgaben ebenso gut bewältigen zu können wie sie selbst“ (Beckmann, 2008, 16).

28 Siehe das Fazit von Jutta Meyer-Siebert (2012, 211): „Die Verkürzung muss vielmehr horizontal vorgehen und zugleich die anderen drei Bereiche für alle erstreiten. Das erfordert, anders als die bloße Arbeitszeitverkürzungspolitik, in der ein jeder und eine jede bleiben kann, wie er oder sie ist, eine Veränderung der gesamten Lebensweise und Kultur. Es macht den Marxschen Satz aus den Feuerbachthesen wahr, dass die Veränderung der Umstände und Selbstveränderung Hand in Hand gehen. Das ist es, was wir gemeinsam erstreiten wollen. Es ist ein unabgeschlossener Prozess“.

tung des Anderen aufzubringen, mehr Transparenz zu leben, eine Anerkennungs- und Respektkultur zu pflegen sowie die Arbeit verantwortungsvoll untereinander aufzuteilen und entsprechend Verantwortlichkeit zu teilen.

Im Haushalt und bei der dort anfallenden Care-Arbeit ist es besonders wichtig, dass gemeinsame Standards abgesprochen werden, damit keine Beziehungsasymmetrien entstehen, das Niveau des Engagements nicht in eine einseitige Verausgabung mündet und der Hausfrieden gewahrt bleibt.

Alle „Arbeits"-Felder/-Sektoren sind kooperativ zu vernetzen, damit der Erwerbsarbeitssektor flexibel mit Care-Herausforderungen oder notwendigem bürgerschaftlichen Engagement umgeht oder damit Selbstverwirklichungsarbeit Respekt neben der Familien- oder der Gemeinschaftsarbeit genießt.

Die wöchentliche 25-25-25-25-Stunden-Aufteilung des Zeitbudgets sollte nicht starr betrachtet werden. Es kann dynamische und periodische Verschiebungen geben, aber die Richtung muss stimmen. Wohl aber wird deutlich mit dieser Stundenaufteilung, dass mit einer Kürzung der Erwerbsarbeitszeit es mehr Zeit für Menschen gibt, neue Handlungs- und Engagementsbereiche für sich selbst zu entdecken.

Das radikale Teilen von Arbeit hat auch eine Solidarität stiftende Wirkung. Er muss nicht zu migrantischen Sorgearbeitenden geflüchtet oder zu Illegalen in der Hausarbeit ausgewichen werden (vergl. hier u.a. einen Hinweis bei Neumann/Winker, 2017, 85).

3.2. Bedingungsloses Grundeinkommen (BGE)

Das BGE kann dazu da sein, die Krise der Erwerbsarbeit und die damit einhergehende Notwendigkeit des Teilens von Arbeit ohne Angst und Hemmungen konstruktiv mit einem schöpferischen Sprung zu beantworten (vergl. Paternoga, 2007, 41ff.).

Bei der Einführung eines BGE wird getrennt zwischen materieller Sicherung und der Teilnahme an der Erwerbsarbeitsgesellschaft. Es wird gesehen, dass Menschen eine menschenwürdige solidarische materielle Sicherung verdienen, auch wenn sie nicht erwerbstätig sind, nicht arbeiten können oder anderweitig aktiv eingebunden sind (z.B.

in der Familie, im Ehrenamt, in die Politik oder bei der Fort- und Weiterbildung). In Verbindung mit dem zuvor gemachten Vorschlag zum Teilen von Arbeit wird nicht mehr so stark darauf gesetzt, das Beschäftigungsdefizit durch die Schaffung von Erwerbsarbeitsplätzen zu bekämpfen. Mit einem solide ausgestatteten bedingungslosen Grundeinkommen ist der Spielraum gegeben, auch mit geringfügiger Beschäftigung oder Mini-Jobs "gut zu leben". Flankiert durch die Teilnahme an Tauschringen und durch Aufwandsentschädigungen bei einem Ehrenamt kann hierbei eine armutsfeste Lösung gefunden werden. Mit dem Blick auf das bedingungslose Grundeinkommen ist soziale Teilhabe nicht zwingend an die Teilnahme an dem Erwerbsarbeitsmarkt gebunden und es muss kein Druck auf Erwerbslose aufgebaut werden, bezahlte Arbeit zu übernehmen. Es besteht der Spielraum, mehr als die unter Hartz IV erlaubten 15 Stunden, sich im Ehrenamt zu engagieren. Zusammen mit einem erfüllenden Hobby werden dadurch antidepressive Wirkungen erzielt. Mit dem bedingungslosen Grundeinkommen würden das politische Taktieren um Freibeträge, Hinzuverdienstgrenzen und das Gerangel darum, wer zur Bedarfsgemeinschaft zählt, wegfallen.

Das BGE steht einerseits im Dienst der Gewissens- und Handlungsfreiheit des Einzelnen (vergl. Blaschke, 2007, 5), dann aber auch im Dienst der Menschenwürde und der Wertschätzung der Person (vergl. ders., 6). Das ist hinsichtlich Nonkonformisten besonders bedeutsam, die die Welt aus anderen Augen sehen. „Aus dem Querdenken können neue Ideen und innovative Lösungen entstehen" (Straubhaar, 2017, 119).

Es gibt verschiedene Diskursstränge zum „allgemeinen Grundeinkommen", zum „Bürgergeld", zum „Bürgergehalt", zur „negativen Einkommenssteuer", zum „garantierten Mindesteinkommen", zum „Basiseinkommen" oder zur „Grundsicherung". Ich will aber von einem bedingungslosen Grundeinkommen (BGE) sprechen. Dies soll folgende Merkmale erfüllt haben. 1. Alle Bürgerinnen und Bürger, vom Säugling bis zum Alten, haben einen Rechtsanspruch auf eine „armutsfeste" und „Teilhabe sichernde" Geldleistung, die ein menschenwürdiges Leben ermöglicht (gegen neoliberale Grundeinkommensmodelle). 2. Wer als Ausländer(in) nach Deutschland einwandert, erhält nicht sogleich, sondern erst nach einer längeren Wartezeit und sukzessive in

Abhängigkeit der legalen Aufenthaltsdauer in Deutschland das volle Grundeinkommen (hier abweichend von Rätz/Paternoga, 2017, 10 [Punkt 5] und 15 [Punkt 1.5.]). 3. Mit dem Bezug des BGE bestehen keinerlei besondere Pflichten und vor allem besteht der Anspruch unabhängig davon, ob die Berechtigten irgendeine Vorleistung, wie etwa eine Beitragszahlung zur Sozialversicherung, erbracht haben – worunter Kinder auch einige behinderte Menschen gehören. 4. Die Bezieher des BGE müssen sich nicht um eine Erwerbsarbeit bemühen und zumutbare Arbeiten annehmen. 5. Der Anspruch auf das Grundeinkommen ist unabhängig von einer speziellen Lebenslage wie Alter, Erwerbsminderung oder Erwerbsarbeitslosigkeit. Dadurch unterscheidet sich das Grundeinkommen von Leistungen wie Mindestrenten, die nur ab einem gewissen Lebensalter oder bei Invalidität gezahlt werden (vergl. Ebert, 2012, 258; Straubhaar, 2017, 97ff.). Ich kann mir das Grundeinkommen nur als additives Grundeinkommen vorstellen. Danach erhält jeder das Grundeinkommen unabhängig davon, ob und in welcher Höhe er sonstiges Einkommen bezieht. „Beim additiven bedingungslosen Grundeinkommen (…) erhöht jeder Euro eigenen Erwerbseinkommens in gleichem Umfang das Gesamteinkommen" (Ebert, 2012, 259). Dadurch ist der fiskalische Aufwand extrem hoch, so dass eine starke steuerliche Umverteilung notwendig wird.

Das bedingungslose Grundeinkommen bricht mit dem unter Hartz IV repressiv eingeforderten Zwang zur Erwerbsarbeit und macht gar manches Ehrenamt (mit Aufwandsentschädigung) attraktiver (vergl. zu den bisherigen Problemen von einem ausgeführten Ehrenamt unter Hartz IV-Bedingungen am Beispiel eines „Hartz IV-Bürgermeisters" in: Apin, 2013, 98-111). Frauen profitieren überproportional vom BGE (vergl. Haywood, 2014, 3).[29] Es können Spielräume für eine „solidarisch-aktivierende Bürgergesellschaft" entstehen, wenn sich da-

29 In einem Diskussionspapier des WIDE-Debattierclubs (http://tinyurl.com/m8owyfb abgerufen am 4.8.15) zum BGE wird bezweifelt, „dass ein BGE Frauen von ihrer gesellschaftlichen Rollenzuteilung, der nach wie vor de facto existierenden Pflichten und Aufgaben als Mütter, Betreuerinnen und Pflegerinnen entlastet, ihnen den Zugang zu anderen Tätigkeiten öffnet und damit ihre Positionen auf den Erwerbsarbeitsmärkten verbessert". Und die Diskussion zum BGE diskutiert nicht, welche Arbeiten als gut, schlecht oder schädlich gelten bzw. welche Arbeiten bezahlt und nicht bezahlt werden sollten. Die Diskussion zu einer solidarischen Ökonomie (vergl. Voß, 2015) liefert eine Antwort auf die Frage, welche Arbeit als gut, schlecht

durch Lotsen und Paten für diejenigen in der Gesellschaft finden, die sich aufgegeben haben, mit Fatalismus geschlagen sind, das Vertrauen in den Staat verloren haben oder durch Depression und Angst gelähmt sind. Natürlich ist es fast überflüssig zu erwähnen, dass diese nicht paternalistisch, sondern mit Nächstenliebe aktiv werden sollten. Und es besteht mit dem BGE ein Spielraum für alle Arten selbstbestimmter Tätigkeit, für genossenschaftliche Projekte und nicht profitorientierte Unternehmungen (z.B. Kunst und Kultur).

Man muss besonders darauf hinweisen, dass das BGE auch diejenigen erreicht, die z.B. aus Scham oder aus Angst vor Repression bisherige Sozialleistungen nicht in Anspruch nahmen.

Aktivierung erfolgt nicht durch Anpassungsdruck, Armutsdruck und Missbrauchskontrolle. Es wird viel eher mit dem Optimismus gehandelt, dass Menschen zu einer intrinsischen Motivation finden (können). Menschen haben das Bedürfnis zu werken, wirksam-zu-sein, sich mit anderen zu messen und durch Erwerbsarbeit Anerkennungserfahrungen zu machen (vergl. Blaschke, 2007, 14). Manche werden zur Erwerbsarbeit aus Langeweile fliehen (vergl. Blaschke, 2007, 13). Intrinsisch weniger attraktive Arbeitsstellen werden vermutlich dann eher nachgefragt, wenn bei diesen die Löhne steigen (vergl. Haywood, 2014, 3).[30] Und es besteht die Hoffnung und Zuversicht, dass Menschen den Sinn für dem Gemeinwohl dienende Tätigkeiten für sich entdecken (z.B. Feuerwehr). Frei von Existenznöten können die Men-

oder schädlich zu betrachten ist. Mit den Ausführungen von Winker (2015) zur Care Revolution wird ein Horizont dahingehend eröffnet, dass mehr Arbeit als bisher bezahlte Arbeit sein müsste. Auch der Bielefelder Arbeitskreis „1-Euro-Jobs und gemeinnützige Organisationen“ machte einen Vorschlag wie ehrenamtliche Stellen zu Arbeitsplätzen werden können.

30 Man muss nicht befürchten, dass mit der Einführung des bedingungslosen Grundeinkommen die Arbeitsmoral sinkt. „Die allermeisten unter den Langfristarbeitslosen wollen etwas für die Gemeinschaft tun, sie suchen ihre Stelle in unserer Gesellschaft. Das hat auch die Untersuchung des Diakonischen Werkes der Evangelischen Kirche im Rheinland zu den sogenannten Ein-Euro-Jobs unterstrichen“ (Huster, 2011, 403). Auch andere erkennen, dass das Problem nicht die Arbeitsmoral ist (vergl. Straubhaar, 2017, 155). Bei einer genaueren Befragung von Hartz IV-Beziehern/-innen zeigt sich, dass diese große Realisten bzgl. fehlender Arbeitsmarktchancen, der Notwendigkeit einer nachhaltigen Qualifizierung bzw. bzgl. Komplikationen beim Familiensetting sind (vergl. z.B. Wagner [2008, 132] bei dem Interview von Anna Prekowsky und Antje Bednarek-Gilland, 2015, 97).

schen für sich entscheiden, welcher Arbeit sie nachgehen wollen. Dadurch, dass ein additives Grundeinkommen vertreten wird hat weiterhin die Leistungsgerechtigkeit Geltung. So muss das Denken von Leistungsgerechtigkeit aus dem Focus „männlicher Erwerbsarbeit" und „Erwerbsarbeit schlechthin" herausgebrochen werden, so dass von Leistungsgerechtigkeit z.B. auch bei „bürgerlichen Engagement" oder „häuslicher Care-Arbeit" gesprochen wird.

Das BGE soll, entsprechend des Grundeinkommensmodell von Götz W. Werner oder angelehnt an Überlegen von Thomas Straubhaar auf dem Niveau von 1.000 bis 1.500 Euro monatlich pro Person und Monat liegen (vergl. Werner/Goehler, 2010; Ebert, 2012, 264; Straubhaar, 2017, 141ff. und 182ff.).

Die Finanzierung erfolgt unter anderem über den Konsum, z.B. mit der Einführung einer Luxussteuer. Eine Finanztransaktionssteuer sowie eine Finanzaktivitätssteuer sind ein weiterer wichtiger Baustein. Höhere Einkommen sind stärker für die Refinanzierung des BGE heranzuziehen. Die Besteuerung von Immobilienerträgen gehört auch zur Finanzierung des BGE. Auch eine Maschinensteuer gilt es zu erwägen.[31] Die Freibeträge bei der Erbschafts- und Schenkungssteuer sind erheblich zu senken und diese dann auch progressiv zu gestalten. Auch eine Vermögenssteuer gilt es zu bedenken. Erträge aus intellektuellem Einkommen sind ebenfalls zu besteuern. Und dann stecken noch Potentiale für steuerliche Erträge bei der Erhöhung des Personals in der Finanzverwaltung, sprich mehr Betriebsprüfern (vergl. u.a. Stierle, 2010, 44f.; Lehmkuhl, 2013, 23ff.; Brinkmann, 2014, 164-169, 211f., 228ff.; Sell, 2015, 104ff.; Hengsbach, 2015, 128 und 139 zeigt weitere Aspekte auf, wo steuerlich umzulenken sei. Umfassende Hinweise sind bei Straubhaar zu finden – vergl. 2017, 18, 62, 99 usw.). Weil aber durch das umfassende Teilen der Arbeit und die Einführung des bedingungslosen Grundeinkommens und den damit verbundenen sozia-

31 „Hin zu einer Finanzierung, die auch die Wertschöpfung von Robotern einbezieht" (Straubhaar, 2017, 13; s.a. 15, 50 und diverse Querverweise zu dem Thema im Buch). In einem Diskussionsbeitrag weist Straubhaar vor dem Hintergrund eines zunehmenden Arbeitsalltages mit Automaten, Robotern, Drohnen, intelligenten Assistenzsystemen und der Digitalisierung darauf hin, dass die gesamte Wertschöpfung zur Finanzierung des Sozialstaates herangezogen werden sollte (vergl. Straubhaar, 2017b, 13).

len Entfaltungspotentialen die Zufriedenheit in der Gesellschaft zunimmt und die Gewalt abnehmen bzw. die Gesellschaft sanfter werden würde, würden sich die Kosten für den Rechtsstaat wie auch für die innere Sicherheit reduzieren, was wiederum für die Refinanzierung des bedingungslosen Grundeinkommens eingesetzt werden könnte. Im Hintergrund der Überlegungen müssten auch friedenspolitische Überlegungen stehen, so dass militärische Kosten umgelenkt werden könnten – eine Friedensdividende wäre für die Finanzierung des BGE einzusetzen. Hier sehe ich Potentiale für Verschiebungen bei den Etats, die Thomas Straubhaar nicht sieht (vergl. ders., 2017, 145). Es ist abschließend mit Rätz/Paternoga darauf hinzuweisen, dass das durch Umverteilung erschlossene Geldvermögen „eine unbestimmte Größe ist, die sich unter der Hand, im Prozess laufend verändert" (2017, 27).

Das Grundeinkommen ersetzt fast alle steuer- und abgabenfinanzierten Sozialleistungen – so bleibt z.B. eine, in manchen Fällen sehr bescheidene, Rente (im Gegensatz zu Straubhaar, 2017, 100). Dabei gibt es kein festes Renteneintrittsalter. Und dann werden Mittel für die Inklusion bereitgehalten.

Aber das BGE soll dabei nicht isoliert von der Diskussion in der solidarischen Ökonomie (vergl. Giegold/Embshoff, 2008; Voss, 2015) und der Gemeinwohl-Ökonomie (vergl. Felber, 2018) stehen und der dort erfolgenden Diskussion um „Commons" resp. öffentliche Angebote stehen. Mit der Einführung des BGE erledigt sich nicht die Diskussion um einen kostenlosen ÖPNV, preisgünstige vhs-Kurse, geförderte Kultureinrichtungen oder zum Beispiel zuzahlungsfreie Medikamente (vergl. hierbei einen allgemeinen Gedankensplitter bei Kraus, 2007, 62 f.). Mit der Höhe und Intensität des staatlichen/kommunalen Engagements hier reduziert sich der monatlich ausgezahlte Geldbetrag des BGE (vergl. Rätz/Paternoga, 2017, 41 f.).

Das Grundeinkommen wird durch ein staatliches Gesundheitswesen ergänzt, wo eine medizinische Grundversorgung für alle kostenlos angeboten wird. Aber es wäre auch zu erwähnen, dass die Gesellschaft gesünder wird und dadurch die Lohnbelastung durch Gesundheitskosten sich reduziert.

3.3. Tafeln, Kleiderkammern und Sozialkaufhäuser?

Im Zuge der Diskussion zur neoliberalen Demontage des Sozialstaates wurden das starke Aufkommen von Fürsorgeangeboten wie den Tafeln oder Kleiderkammern als problematische Entwicklung betrachtet (vergl. Butterwegge, 2008, 195ff.; ders., 2015 b, 48). Jeder zweite unter den Ehrenamtlich in NRW in Tafeln, Suppenküchen und Kleiderkammern stimmt der Aussage zu, „dass ehrenamtliches Engagement als Einsparmaßnahme durch den Staat missbraucht wird (...)“ (Selke/Maar, 2011, 59). Problematisiert wird, dass mit der Verschiebung der Existenzsicherung zu den Tafeln kein Sozialanspruch mehr einklagbar ist, sondern diese nur noch durch die Barmherzigkeit des Helfenden sichergestellt wird (vergl. Reif/Prüwer, 2014, 91 f.; Selke, 2013/2015, 153 und 236). Auch wird es kritisch gesehen, dass indem Tafeln inzwischen zur Regelversorgung geworden sind, diese entscheidend zu einer Entpolitisierung von Armut beitragen (vergl. Selke, 2015, 22). Es wird gesehen: mit der Hartz IV-Ökonomie, wozu auch Tafeln gehören, verfestigt sich eine Parallelwelt, die die Hilfsbedürftigen kränkt, stigmatisiert (vergl. KDA, 2011) und beschämt (vergl. Selke, 2013/2015, 43 und 124ff.). Dann war aber auch zu lesen, dass Tafeln nicht flächendeckend die Armut beheben können (vergl. Selke, 2013/2015, 232 f.).

Während die Einführung des bedingungslosen Grundeinkommens der Bekämpfung der relativen Armut dient, scheinen mir Tafeln, Kleiderkammern usw. weiterhin die Aufgabe zu haben, periodisch auftretende drohende absolute Armut durch unverschuldete Notlagen (z.B. kaputtes Auto rsp. kaputte Waschmaschine, langer Krankenhausaufenthalt bzw. häufige teure Fahrtkosten zu einem Facharzt) zu kompensieren.

Die Tafeln können aber auch „Verwirklichungsmöglichkeiten“ (Amartya Sen) eröffnen, etwa wenn jemand den Druckkostenzuschuss für ein Buch zusammensparen will, jemand die Reise zu einem internationalen Wettkampf antreten will oder jemand ein teures Musikinstrument refinanzieren will.

Wie die Vesperkirchen in Süddeutschland können z.B. Tafeln durch das Angebot von einem gemeinsamen Mittagstisch oder von Kochkursen (z.B. die Flensburger Tafel) die Begegnung von Menschen aus verschiedenen Milieus, von Menschen mit unterschiedlichem sozialem Status und von Menschen aus unterschiedlichen Kulturen ermöglichen. Sie leisten damit einen Beitrag zur sozialen Kohäsion (zum Anliegen der Milieuüberwindung vergl. Banzhaf/Fetzer u.a., 2011, 360).

3.4. Inklusion

Unter den Hartz IV-Beziehern und –Bezieherinnen sind auch Menschen mit Behinderungen. Bevor diese auf Einfacharbeitsplätze abgeschoben werden (vergl. Kohlgrüber/Schröder, 2015, 9) müssten hier verstärkt Inklusionsbemühungen greifen. Durch ein BGE können diese bezüglich Inklusionsanstrengungen selbstbewusster gegenüber den Behörden auftreten (vergl. Rätz/Paternoga, 2017, 71).

Im Kontext von Inklusion und Arbeitswelt ist die Ableismus-Forschung und –Diskussion relevant. Sie problematisiert „irrationale, verletzende, grausame und unplausible Konzeptionen von Fähigkeit (und damit auch Behinderung), die eng mit Vorstellungen der Leistungsgesellschaft" und Leistungsgerechtigkeit verknüpft sind (vergl. Buchner/Pfahl/Traue, 2015, 1, 3 und 6). Es wird ein kritischer Blick auf den Fähigkeitsdiskurs im Neoliberalismus geworfen und die dort herrschende Neigung, Menschen sehr stark nach Produktivkräften zu sortieren. Hier wird kritisch hinterfragt, was in Blick auf die Arbeitskraft Normalität, Gesundheit und Funktionsfähigkeit bedeuten. Es wird viel zu schnell im Neoliberalismus aussortiert, wie es an meiner Biografie deutlich wird. Unter dem Neoliberalismus ist ein Klima entstanden, das aufgrund des Fähigkeits-Diskurses gegenüber Behinderten eine verbreitet auftretende Haltung der Ausgrenzung und Geringschätzung produzierte. Behinderte werden eher der Zone des „Schonens" und „Helfens" zugewiesen. Das „Können-Müssen", als gesellschaftlicher Zwang, greift bei ihnen weniger/geringer und Prozesse der Befähigung werden weniger initiiert rsp. in Gang gesetzt.

Wenn man nach einer inklusiven Arbeitswelt Ausschau hält, dann wird sehr schnell deutlich, dass dies eine Realität mit vielen Brüchen und teilgelungener Wirklichkeit ist. Es gibt aufgeschlossene Arbeitgeber (vergl. Wolters, 2014, 150 f., 154ff., 160ff.), aber es gibt auch viele Unternehmen, die sich „freikaufen": „Rund 135000 Unternehmen gibt es in Deutschland, die Schwerbehinderte beschäftigen müssten. So weit die Theorie. Die Praxis sieht anders aus: Etwa 38000 Betriebe täten das nicht (…)" (dies., 149). Dadurch kommen über die Ausgleichsabgabe im Jahr 2010 466,5 Millionen Euro zusammen (vergl. dies., 165). 3000 Behinderte mit Abitur, Hochschulabschluss oder Promotion suchen eine Berufsperspektive (vergl. dies., 149). „Das Risiko ist zu hoch, der gute Wille zu schwach und der mutige Chef fehlt zu oft. So übergehen Arbeitgeber Behinderte weiter. Sie laden pro forma zu Vorstellungsgesprächen, weil das Gesetz sie zwingt, und kaufen sich dann doch lieber frei", schreibt Yvonne Weindel (vergl. dies., 150). Und dennoch ist Bewegung möglich, wenn Inklusion eingefordert wird. Allerdings besteht eine „Kommstruktur" bei den Behörden, d.h. sie reagieren zum Teil häufig erst, wenn nachgefragt wird. Das führt dazu, dass Inklusionspotentiale unausgeschöpft sind (vergl. dies., 161 und 163). Die Integrationsfachdienste machen im Kontext von Inklusion viel möglich – sie klären auf, sie sensibilisieren und setzen Notwendiges um (vergl. dies., 166). Aber dennoch haben wir es in Deutschland mit einer „selektiven" Inklusion zu tun (vergl. Römisch, 2018, 145).[32]

32 „In Deutschland besteht die Gefahr, dass die Gruppe der behinderten Menschen auf eine bestimmte Gruppe ʹreduziertʹ wird. Die meisten statistischen Daten über die Lebenssituation behinderter Menschen, so auch der Teilhabebericht, beziehen sich vor allem auf die Personen mit Schwerbehindertenausweis, die im Laufe ihres Lebens eine Schwerbehinderung erlangen. Dies ist insbesondere im Arbeitsleben der Fall. Als ein Beispiel sei die Ausgleichsabgabe erwähnt. Private und öffentliche Arbeitgeber mit 20 Arbeitsplätzen sind in Deutschland verpflichtet, 5% ihrer Arbeitsplätze mit schwerbehinderten Personen zu besetzen. Wenn sie dies nicht tun, müssen sie eine Ausgleichsabgabe bezahlen (SGB IX). Im öffentlichen Sektor wird die Quote über-, im privaten Sektor nicht ganz erfüllt (…). Hiervon profitieren in der Regel aber diejenigen Arbeitnehmer*innen, die im Laufe[korrigiert R.M.] ihres Arbeitslebens eine Schwerbehinderung zum Beispiel durch eine chronische Erkrankung erlangen. Menschen, die von Geburt an eine Behinderung haben, insbesondere Menschen mit geistiger Behinderung und Menschen mit schwersten Behinderungen profitieren hiervon kaum. Die Lebenssituationen dieser Personengruppen unterscheiden sich erheblich. Schon die Personen, die im Laufe ihres Berufslebens eine Beeinträchtigung erlangen, erfahren auf dem Arbeitsmarkt eine deutlich schwierigere Situation als nichtbehinderte Menschen. Das wird in allen Arbeitsmarktstatistiken deutlich. Umso schwieriger gestaltet sich die Situation für Menschen, die von Geburt an eine Beeinträchtigung haben. Aber auch innerhalb dieser Personengruppe zeigen sich erhebliche Unterschiede, nämlich zwischen körperlich- und sinnesbeeinträchtigten Menschen und den eben genannten Menschen mit geistiger und schwerster Beeinträchtigung. Insgesamt zeigt sich eine gesell-

Ähnlich wie im Bildungsbereich wird diskutiert, ob „beschützende" Beschäftigungseinrichtungen wie die Werkstätten für behinderte Menschen (WfbM) gänzlich abzuschaffen seien oder ob jedenfalls ihre Laufzeit (bis zur Abschaffung) zu begrenzen sei, „weil die Segregation in solchen Einrichtungen als Verletzung der Menschenrechte einzustufen sei" (Trenk-Hinterberger, 2015, 108). Ein vorläufige Antwort auf die Diskussion dieser Position (vergl. ders., 108) könnte sein: „Anstatt zwischen der (sofortigen oder zumindest baldigen) Abschaffung der WfbM bis hin zum weitgehenden Bewahren der Einrichtungen in ihrer jetzigen Gestalt zu polarisieren, dürfte es den Vorgaben des Artikels 27 UN-BRK eher entsprechen, faktische Monopole im Bereich der ′geschützten Beschäftigung′ zu beseitigen, den öffentlichen Beschäftigungssektor auszubauen und innerhalb dieses Sektors die WfbM zu sozialräumlich organisierten ′Sozialunternehmen′ zu entwickeln, die mit dem allgemeinen Arbeitsmarkt (im Sinne einer Brückenfunktion) vielfältig vernetzt sind, die differenzierte Beschäftigungsmöglichkeiten organisieren und die solche Teilhabe am Arbeitsleben für alle behinderten Menschen bieten, die am allgemeinen Arbeitsmarkt ohne Chancen bleiben (…)" (ders., 109).

Zukunftsperspektive ist ein „Arbeits-Markt-für-Alle", wo „Menschen mit und Menschen ohne Behinderungen" zusammen arbeiten sollen können. „Alle sind bei der Arbeit dabei". Und: „Alle arbeiten mit". Bei einer Orientierung an der Perspektive „Arbeits-Markt-für-Alle" können alle Menschen Arbeit bekommen und es ist dabei egal, ob eine Behinderung vorliegt. Dabei muss die Unterstützung zu dem Menschen (mit Behinderung) passen. Hindernisse bei der Arbeit werden mit Hilfsmitteln beiseite geräumt. Jede/r im „Arbeits-Markt-für-Alle" ist für Bildung ansprechbar bzw. für jede/n müssen gut zum Arbeitsplatz passende Bildungsangebote gemacht werden. Alle können hierbei so gut verdienen, dass sie die Grundbedürfnisse gut befriedi-

schaftliche Tendenz, Inklusion für einen bestimmten Personenkreis zu sehen und Gruppen auszumachen, die als inkludierbar gelten. Inklusion fragt aber ′nicht nach dem Grad der Behinderung. Wer Inklusion an der Schwere der Behinderung festmacht, hat nicht verstanden, um was es geht′(Reimann 2014). (…) Diejenigen, die als schwer beeinträchtigt bezeichnet werden, laufen Gefahr, von Inklusionsprozessen ausgeschlossen zu werden und als ′Restgruppe′ in den bestehenden Sonderinstitutionen zu verbleiben" (Römisch, 2018, 145).

gen können. Weitere Optionen, die als Grenzüberschreitung bisheriger arbeitsmarktpolitischer Maßnahmen für Behinderte anzusehen sind, sind, dass den Behinderten eine echte Wahlfreiheit hinsichtlich Arbeit zugestanden werden muss und dass Menschen mit Behinderung eine eigene Firma haben sollen können. Frauen mit Behinderungen müssen mehr Möglichkeiten bekommen. Die Ausgleichs-Abgabe muss teurer für die Firmen/Betriebe werden, so dass das Einstellen von Behinderten günstiger ist. Es soll auf dem Weg dorthin an dem Abbau von „mentalen" und „sachlichen" Hürden gearbeitet werden, damit der Transfer von einer Werkstatt für Behinderte zu „anderen Arbeitsplatzanbietern" leichter fällt. Der Assistenzbedarf kann hierbei eventuell steigen. Das Management eines „Arbeits-Marktes-für-Alle" soll nicht zu sehr aufgesplittert sein in diverse verschiedene Zuständigkeiten (vergl. Vieweg, 2018).

Unter Rücksicht auf die bisherige Diskussion sei daher auf die CAP-Lebensmittelmärkte hingewiesen. Das CAP-Lebensmittelmärkte-Konzept ist ein gelungenes Projekt zur Inklusion (www.cap-markt.de). Bei den CAP-Lebensmittelmärkten wird nicht gewinnmaximierend gewirtschaftet, auch wenn geplante Umsatzzahlen erreicht werden sollten. Hier werden im großen Umfang Menschen mit Behinderung beschäftigt. Und die Arbeitsplätze werden entsprechend den Erfordernissen gestaltet – z.B. barrierefreie Kassentische, Sondertastaturen mit Brailleschrift, elektronische Lupe usw. Die Inklusionsquote ist hier hoch. Die CAP-Märkte im Verbund der Neuen Arbeit (Stuttgart) beschäftigten Ende 2015 278 Menschen, davon 129 Mitarbeitende mit Behinderung. Aber es werden auch Standards gesetzt, weil sich die behinderten Mitarbeiter_innen ihren Arbeitsplatz erwirtschaften müssen. Daher wird zwar alles getan, um die Behinderung zu kompensieren; wenn aber der/die behinderte Mitarbeiter_in nicht die notwendige Leistung erbringen, kann er/sie nicht eingestellt bzw. weiterbeschäftigt werden. Aber es wird auch Inklusion beim Service gelebt. Geh- und sehbehinderte Menschen werden auf Wunsch beim Einkaufen im Markt begleitet. Und es gibt zusätzlich einen kostenlosen Lieferservice, der auch von älteren Menschen gerne angenommen wird. Es gibt Grenzen der Handhabbarkeit von psychologischen Problemen rsp. privatem und finanziellem Kummer. Hier steht der Integrationsfachdienst im Hintergrund, der bei Bedarf eingeschaltet wird. Es wird mit viel Empathie, Mitmenschlichkeit und Respekt geführt und geleitet (vergl. Infoprospekt zu den CAP-Lebensmittelmärkten im Verbund Neue Arbeit).

Ein anderes gutes Inklusionsprojekt ist das Restaurant Freistil in Kiel. Inklusion findet hier „still" statt, um einerseits zu vermeiden, dass jemanden ein Stempel aufgedrückt wird und um andererseits den Teamgeist zu fördern. „Etwa die Hälfte der 20 Mitarbeiter sind Menschen mit Handicap". „Nur die Posten des Restaurantleiters und Küchenchefs ′sind Spezialisten vorbehalten′". Alle anderen Aufgaben werden von Menschen mit und ohne Handicap übernommen – weder in der Küche noch im Service gibt es eine Abgrenzung. Gelingt etwas beim Servieren nicht, dann entschuldigt man sich beim Gast, ohne auf das Handicap hinzuweisen. Im Freistil darf nie Hektik aufkommen; die Dinge werden den Menschen mit Handicap ganz ruhig erklärt, selbst wenn es stressig ist. Auch in der Küche herrscht kein rauer Ton, was im Gastronomiebereich eher ungewöhnlich ist. Eine Kultur des Vertrauens gibt den Menschen mit Handicap die Kraft alles gut zu machen (Georg Meggers in: HEMPELS Nr. 262 2/2018, 10-16).

3.5. Einfacharbeitsplätze

Unter den Langzeitarbeitslosen, sind viele Un- und Angelernte, Geringqualifizierte, Personen ohne Schulabschluss und Dequalifizierte. Eine Perspektive wären für sie Einfacharbeitsplätze, wenn es hier nicht einen Verdrängungsprozess durch Bewerber mit formalen Berufsabschluss (vergl. Leicht u.a., 2004, 39; DGB, 2015, 4; Kohlgrüber/Schröder, 2015, 9) gäbe und eine Mismatch-Situation in mehrfacher Hinsicht bestehen würde (vergl. Kohlgrüber/Schröder, 2015, 8). So werden die Langzeitarbeitslosen z.B. von Arbeitgebern häufiger nicht auf Einfacharbeitsplätze eingestellt, weil diese bei jenen aufgrund der langen Arbeitslosigkeit den Verlust von Sekundärtugenden und von Grundwissen annehmen. Ungezielte Vermittlungsvorschläge durch Jobcenter und Agenturen für Arbeit sind selten eine Brücke zum Einfacharbeitsplatz – die Arbeitgeber setzen hierbei eher auf persönliche Kontakte. Und dann gibt es die Schwelle der Qualifizierung. Viele Einfacharbeitsplätze sind, auch wenn sie Einfacharbeitsplätze genannt werden, durchaus anspruchsvoll. Die Anlernzeiten sind zum Teil erheblich und es dauert manchmal eine gewisse Zeit, bis durch eine gewonnene Routine eine Arbeit qualitativ gut gemacht wird (vergl. Jürgenhake/Sczesny/Wiengarten, 2015, 16). Und der Anspruch an die Soft Skills steigt, die bei der Zielgruppe manchmal nicht besonders ausgebildet sind (vergl. Leicht u.a., 2004). So kann der Anspruch des Arbeitgebers mit der Frage nach notwendiger Qualifizierung kollidieren mit der geringen Weiterbildungsnachfrage bei gering qualifizierten Beschäftigten. Eine fehlende Anerkennungskultur senkt darüber hinaus die Bereitschaft bei gering Qualifizierten oder Un- und Angelernten sich auf Einfacharbeitsplätze einzulassen.

Wenn also Einfacharbeitsplätze eine Perspektive für die Un- und Angelernten, Geringqualifizierten, Personen ohne Schulabschluss und die Dequalifizierten unter den Langzeitarbeitslosen darstellen sollen, dann muss ein Kultur der Wertschätzung in Bezug auf die Welt der Einfacharbeitsplätze einziehen – das drückt sich zunächst in guten Arbeitsbedingungen und einer anständigen Bezahlung aus (vergl. KDA, 2015, 17). Aber auch das Sprechen in der Gesellschaft über Einfacharbeitsplätze infolge eines Bewusstseinswandels müsste sich verändern – herablassende, stigmatisierende Sprache sollte verschwinden (siehe dazu Leicht u.a., 2004, 21). Gar mancher Langzeitarbeitslose bedarf, wenn er einen Einfacharbeitsplatz ausfüllen will, der langfristigen Qualifizierung, der Arbeit am Aufbau einer intrinsischen Motivation, der Vermittlung einer Sinnperspektive und dann werden vermutlich auch die Sekundärtugenden wieder zurückgewonnen werden können. Dann müssen aber auch vermehrt Einfacharbeitsplätze erfunden werde, wie es z.B. mit bei den Alltagsbegleiterinnen in Seniorenheimen der Fall gewesen ist. Nicht wenige Grünanlagen in der Stadt braucht keinen ausgebildeten Gärtner – hier kann für Menschen mit dem „grünen Daumen" ein sinnvoller Arbeitsplatz geschaffen werden, weit über einen 450-Euro-Arbeitsplatz hinaus. Im Bereich der personen- und haushaltsbezogenen Dienstleistungen kann gar manche Arbeit entstehen.

Es ist deutlich zu machen, dass die Geringqualifizierten, Un- und Angelernten sowie Dequalifizerten durch die Ausfüllung eines Einfacharbeitsplatzes Teilhabe haben an der Erwerbsarbeitsgesellschaft. „Auf die Reinigungskraft kann man letztendlich ebenso wenig verzichten wie auf die Führungskraft oder den Ingenieur", schreibt der KDA (2015, 16). Es muss deutlich werden: „Die einfachen, oft gering entlohnten Tätigkeiten ermöglichen auch den Erfolg der besser bezahlten Fachkräfte" (ders., 17). Einfacharbeitsarbeitsplätze können der Ausgangspunkt für einen Qualifizierungsweg sein (vergl. Jürgenhake/Sczesny/Wiengarten, 2015, 17). Für die Schritte auf diesem Weg dreht sich viel um Fähigkeiten (Kenntnisse, Fertigkeiten und Kompetenzen). Es kann nicht der Weg auf formale Bildungsabschlüsse hin sein, wohl aber auf eine Qualifikation auf Fachkraftniveau. Damit dieser Bildungsprozess aber gelingt, sind Lernentwöhnungsprozesse zu beachten, aber auch schlechte Erfahrungen mit Lernprozessen (vergl. Kohlgrüber/Schröder, 2015, 10). Dazu sind Evaluierungsmittel bedeutsam, um nicht-formale Qualifikationen zu erheben. Viele Personen aus dieser Zielgruppe sind, damit sie sich auf diesen Weg überhaupt einlassen, auf Hoffnung hin zu beraten (vergl. Tobler, 2004). Wenn die Einfacharbeitsplätze mit einer Betriebsratskultur verbunden sind, dann können sie ein Ort für eine Einübung in eine Demokratiekultur sein. Langzeitarbeitslose zeichnen sich dadurch aus, dass sie sich nicht mehr so sehr an Wahlen beteiligen. Hier kann durch die konkrete Ausgestaltung von Einfacharbeitsplätzen gegengesteuert werden.

Eine Brücke zur einfachen Arbeit kann das sich-Bewähren im Ehrenamt sein (vergl. Bednarek-Gilland, 2015, 83ff.). Handwerkliche Hilfstätigkeiten können z.B. in einer Kirchengemeinde erprobt werden, um dann schließlich in einem Altenheim auf einem Einfacharbeitsplatz Anwendung zu finden. Ein ehrenamtlicher Vorlauf für die Arbeit in der Logistik kann z.B. im Lager einer Nichtregierungsorganisation stattfinden. Durch den ehrenamtlichen Fahr- und Botendienst für ein großes Krankenhaus kann man sich die Infrastruktur einer Stadt erschließen, was dann wiederum eine Grundlage für einen Einfacharbeitsplatz darstellen kann. Und auch für den Verwaltungsbereich, wenn keine formale Qualifikation oder einschlägige Berufserfahrung verlangt wird, gibt es Erprobungsmöglichkeiten im Ehrenamtssektor (z.B. in kleinen Vereinen). Hier wären auch mal Ehrenamtsphasen von bis zu einem Jahr mit 20/30 Stunden wöchentlich sinnvoll. Manchmal braucht es einer längeren Anlaufphase, um zu den Sekundärtugenden/Arbeitstugenden (Pünktlichkeit, Engagement, Leistungsbereitschaft, Zuverlässigkeit, Verantwortungsbewusstsein, Teamfähigkeit usw.) oder zu einem Selbstvertrauen zurückzufinden bzw. um ein Auge für die Aufgaben eines Handlungsfeldes zu bekommen. Damit man einen Arbeitsplatz durchschaut bedarf es manchmal etwas Zeit und der intensiveren Auseinandersetzung mit dem Arbeitsfeld. Die Schwäche bei sozialen und kommunikativen Kompetenzen bei niedrig Qualifizierten (vergl. Leicht u.a., 2004, 30) kann durch ehrenamtliches Engagement eventuell ausgebügelt werden, wenn man das Ehrenamtsengagement mit Ehrenamtsstammtischen, Fortbildungsangeboten und Dienstbesprechungen kompetent gestaltet.

Für manche Langzeitarbeitslose ist der Schritt zum Einfacharbeitsplatz ein großer Schritt. Persönliche rsp. subjektive Faktoren bremsen die Bereitschaft zu regelmäßiger Erwerbsarbeit aus – z.B. Verschuldung infolge von Unterhaltsforderungen, Fahruntüchtigkeit infolge regelmäßiger Medikamenteneinnahme oder infolge von Alkoholismus, starke Arbeitseinschränkungen infolge gesundheitlicher Beschwerden, finanzielle Schlechterstellung durch eine Arbeitsaufnahme, Selbstaufgabe und ein damit einhergehender Verlust der Arbeitsmotivation. Hier müsste eine Lebensberatung und ein Coaching ansetzen. Es müssten Coaches, Lotsen[33] und Paten gefunden werden, die verlässlich über einen langen Zeitraum die ersten Schritte in das Arbeitsleben zurück begleiten – dabei auch etwas die Funktion eines ehrenamtlichen Betreuers übernehmen. Dabei werden diese schon aktiv, bei der so wichtigen Pünktlichkeit oder bei der regelmäßigen Bearbeitung der Post. Manche Langzeitarbeitslose kommen an einem Umzug vom Land in die Stadt nicht vorbei, wenn z.B. die Mobilität eingeschränkt ist und diese auf den ÖPNV angewiesen sind (vergl. auch zum Problem der geringen Mobilitätsquote bei gering Qualifizierten bei: Leicht u.a., 2004, 24 f.).

33 Vergleiche zur den Aspekten „kontrollierte Offensive", zu „Mobilisierung durch verstehende Akzeptanz", zu einem „Schritt für Schritt in Bewegung bringen", zum „Zeit gewähren", zum „Schaffen von Räumen der Wertschätzung" durch Lotsen. Die Lotsen sind dabei in besonderer Weise kompetent, weil sie eine eigene Hartz IV-Erfahrung haben. Sie werden durch ein Coaching unterstützt (vergl. DISW/FREIE WOHLFAHRTSPFLEGE NRW, 2016). An einer Kompetenz der Lotsen dahingehend ist zu arbeiten, dass diese wieder loslassen lernen können, zum richtigen Zeitpunkt. Das wurde als Problemwahrnehmung bei Lotsen deutlich, die sich bei Flüchtlingen engagierten.

Der Mindestlohn bei den Einfacharbeitsplätzen sollte nicht sehr stark unterhalb der Niedriglohnschwelle liegen (vergl. dazu Aust, 2008, 80).

3.6. Ehrenamt

„Betrachten wir zunächst den Erwerbsstatus, dann erkennen wir die bereits vermutete Tatsache, dass das Schicksal der Arbeitslosigkeit, welches mit Einkommens- und Statusverlusten sowie mit psychologisch negativen Erlebnissen und Gefühlen einhergeht, nicht gerade die Neigung verstärkt, sich freiwillig zu engagieren" (Gensicke, 2000, 43). Aber man musste dennoch festhalten, dass die Erwerbslosen der Neuen Bundesländer (vergl. Freiwilligensurvey 1999) noch engagierter waren als die der alten Länder. Wenn es ein freiwilliges Engagement von Erwerbslosen gibt, dann ist damit das Motiv verbunden, sich eine Tagesstruktur zu bewahren (Coping-Ansatz), Sozialkontakte zu erhalten (im Interesse der Selbstwirksamkeit), aber auch irgendwie ein Versuch, der Berufsbiografie eine Kontinuität zu geben, indem berufsnahe Engagementfelder aufgesucht werden. Schließlich ist das ehrenamtliche Engagement präventiv wirksam – es beugt dem Problem „erlernte Hilflosigkeit" vor, das sich im Verlauf einer längeren Erwerbslosigkeit aufbauen kann. Nicht selten besteht auch das Motiv, vor allem in den Neuen Ländern, „über eine freiwillige Tätigkeit auch die Chance auf einen bezahlten Job zu verbessern (...)" (Gensicke, 2000, 88). Dabei hat das freiwillige Engagement rsp. das Ehrenamt fünf Funktionen: a) Sozialkontakte unter dem jeweiligen Engagement stellen eine Chance dar, um informell intensiver mit dem ersten Erwerbsarbeitsmarkt in Verbindung zu bleiben. b) Führungszeugnisse von qualitativ hochwertigen Ehrenamts-Tätigkeiten beugen dem Eindruck einer Dequalifizierung vor. c) Im Kontext von freiwilligem Engagement oder Ehrenämtern kann die Möglichkeiten zu für den Beruf vorteilhaften Fortbildungen bestehen. d) Ehrenamt kann den potentiellen Arbeitgebern signalisieren, dass die Sekundärtugenden „frisch" sind. e) Letztlich ist das Ehrenamt eine gute Chance gesellschaftliche Teilhabe zu erfahren, wodurch Scham reduziert wird und damit einhergehende Spiralen der (Selbst-)Isolation vermieden werden können, was wiederum negativ für die Arbeitssuche sein würde (vergl. dazu z.B. Prechel, 2015, 201 f. vor allem in Bezug auf Frauen im Ehrenamt; s.a. 203, 242 f., 246).

Das ehrenamtliche Engagement bei Arbeitslosen liegt weiterhin unter dem von anderen Erwerbsstatusgruppen, ist jedoch in den letzten Jahren gestiegen (vergl. Bednarek-Gilland, 2015, 39 und Prechel, 2015, 198 f.; s.a. zum deutschen Freiwilligensurvey 2014 bei: Simonson/Hameister, 2017, 451, Abb. 16-3).

Das Engagement im Ehrenamt hängt auch ab vom Einkommen. Unterdurchschnittlich engagiert sind diejenigen, die arm sind oder in prekärem Wohlstand leben (vergl. Böhnke/Dathe, 2010, 15, Abb. 1).[34] „Wer langfristig arm ist (...) hat die niedrigsten Engagementquoten" (dies., 16). Aber: diejenigen Armen, die eine höhere Bildung und gute Qualifikation aufweisen, sind noch am ehesten freiwillig aktiv. Und: „Menschen, die sich als phantasievoll, originell und kreativ einschätzen und glauben, dass man die Verhältnisse auch selber beeinflussen kann, sind trotz Armut engagiert" (dies., 17). Daher korreliert ehrenamtliches Engagement etwas mit Armut, dahingehend wenn Fatalismus, Scham einen Rückzug aus der Öffentlichkeit befördern und damit einhergehend das ehrenamtliche Engagement sinkt. Aber Bildungsnähe und die Persönlichkeit können dazu beitragen, dass man sich trotz Armut engagiert.

Weitere Gründe dafür sind, dass sozial benachteiligte Gruppen weniger im Ehrenamtsbereich zu finden sind, dass die emotionale, gestikulierende und besondere Sprechweise von diesen, in der Sphäre des bürgerschaftlichen Engagements nicht hineinpasst. Und so fühlen sich diese mit ihrer Kommunikationskultur nicht angenommen und zu Hause. Bei ihnen haben leidenschaftliche Betroffenheit, die Sorge um alltägliche und existenzielle Fragen und Emotionen wie Wut eine her-

34 „Weniger als ein Drittel der armen allein erziehenden Mütter sind ehrenamtlich aktiv, aber die Hälfte der allein erziehenden Mütter, die nicht arm sind. Diese Relation gilt auch abgeschwächter für die Elternpaare, für Väter und Mütter. Das Vorhandensein eines Armutsrisikos hat also größeren Einfluss darauf, ob ehrenamtliche Aufgaben oder Ehrenämter übernommen werden als die Familienform einer allein erziehenden Familie oder einer Paarfamilie" (Holz, 2004, 52). Der Zusammenhang von einer ungünstigen finanziellen Situation und einem geringen freiwilligen Engagement wurde auch beim deutschen Freiwilligensurvey 2014 bestätigt (Simonson/Hameister, 2017, 455). Dabei schnitten Frauen schlechter ab als Männer (vergl. S. 456, Abb. 16-9).

ausragende Bedeutung. Dies wird in der öffentlich-politischen Sphäre und in Vereinen und Kirchen weniger respektiert – Sachlichkeit, Apersonalität, Distanziertheit und Verfahrensregulierung dominieren hier hingegen. Und so sind die Bedürfnisse nicht kompatibel. Auch werden bestimmte Themen ausgegrenzt, weil sie dem privaten Raum zugeschrieben werden bzw. in den Verantwortungsbereich von Selbsthilfegruppen ausgegliedert werden. Engagement kommt nur zustande, wenn mit der Übernahme des Engagements Bezüge zur eigenen Biografie hergestellt werden können bzw. dieses im Kontext der eigenen Lebensbewältigung gesehen werden kann – hier gibt es für die sozial Benachteiligten in einem Mittelschicht-dominierten-Ehrenamt hinsichtlich ihrer Lebenslage weniger Anknüpfungspunkte, thematisch wie praktisch. Ehrenamt muss effizient sein und damit werden bestimmte Formen der Interaktion, der Kommunikation und der Regeln verknüpft – hier ist der Stil der sozial Benachteiligten häufig eine Praxis der Umwege und wird von daher als störend empfunden. Auch die Ästhetik der Räume, in denen sich die Engagierten treffen, entscheiden darüber, ob sich die Menschen zugehörig fühlen oder nicht zugehörig bzw. ausgegrenzt fühlen. Und es ist noch anzumerken, dass angesichts ihrer existenziellen Notlage zumeist weniger Ressourcen bleiben, um sich „für andere" rsp. „für die Allgemeinheit" zu engagieren (vergl. hierzu Schulz, 2007; Munsch, 2011, Voigtländer, 2015, 135ff. bzgl. Bezüge zur eigenen Biografie hinsichtlich einem Ehrenamt).

Erfahrungen in einem evangelischen Krankenhaus mit ehrenamtlichen Personen aus dem Kreis der Armen und Arbeitslosen zeigten, dass reduzierte Sekundärtugenden wie Pünktlichkeit, Verlässlichkeit dazu führten, dass diese nicht nachhaltig ihren ehrenamtlichen Platz ausfüllten.

Hier muss eine Ehrenamtsförderung auf verschiedenen Ebenen ansetzen. Im Vorfeld der konkreten Ehrenamtsförderung wäre es im Interesse einer stärkeren Ehrenamtsneigung bei Arbeitslosen und Armen hilfreich, wenn Initiativen zu deren stärkeren zivilgesellschaftlichen Einbindung erfolgen würden. Die zivilgesellschaftliche Einbindung stellte eine Brückenfunktion zu einem stärkeren ehrenamtlichen Engagement dar, weil dadurch nicht nur Beziehungen geknüpft werden, sondern auch die Informiertheit über ein potentielles ehrenamtliches Engagement steigt (vergl. hier Prechel, 2015, 222f.). Ehrenamt darf nicht nur Helfertätigkeit sein, man muss auch etwas den Betroffenen zutrauen und muss ihnen einen Bereich mit tatsächlich eigener Verantwortung übergeben, damit Ehrenamt attraktiv wird, wie es am Beispiel Herr Bär deutlich wird (vergl. Bednarek-Gilland, 2015, 92). Paten können dazu beitragen, dass diese Zielgruppe wieder den Engagementsbereich für sich entdeckt und Anlaufschwierigkeiten überwunden werden. Dann müssen aber auch Kirchengemeinden ihre Milieuenge zurücklassen und sich für diese Zielgruppe öffnen (vergl. S. Mierzwa, 2016). Wenn die Zielgruppe der Hartz IV-Bezieher das ehrenamtliche Engagement für sich entdecken soll, dann darf hierbei nicht instrumentalisierend mit ihnen umgegangen werden; sie dürfen nicht nur wegen einer Aufgabe engagiert werden. Auch Anerkennung müssen sie erfahren können. Dann blühen die Menschen auf (vergl. Bednarek-Gilland, 2015, 92). Und dabei bedeutet Anerkennung zuvorderst Beziehungsaufnahme. Anerkennung ist dort, „wo es zu einer Kultur der Begegnung kommt, zu einem menschlichen *Mit*einander, das von gegenseitigem Respekt gekennzeichnet ist" (Grosse, 2011, 315; Herv. i. Orig.). Unter dieser Anerkennungspraxis gilt das Subjekt etwas, mit seinen eigenen Vorstellungen und Kompetenzen (vergl. ders., 316). Es muss zur tatsächlichen Beziehungsaufnahme kommen, d.h. man darf sich nicht innerlich, vom Herzen her, der intensiven Begegnung und dem Gespräch entziehen. Der gemeinsame Weg mit den Armen kann kompliziert, ja sogar konfliktträchtig sein (vergl. ders., 317). Die Armen dürfen nicht als Zielgruppe für Bildung aufgegeben werden. Es muss überlegt werden, wie kirchliche Erwachsenenbildung diese Zielgruppe erreicht. Erwachsenenbildung muss so angelegt sein, dass nicht eine Konzentration der Aktivitäten auf die besseren sozialen Risiken unter Ausgrenzung der (noch) Schlechteren erfolgt (vergl. dazu bei Huster, 2011, 404). Auf existenzielle Nöte muss bei der Ehrenamtsförderung eingegangen werden. So war der zweithäufigste Grund für Arbeitslose in Westdeutschland kein Ehrenamt zu ergreifen, dass dieses „zu kostspielig" sei (vergl. Prechel, 2015, 211). Deswegen muss hier stärker über Aufwandsentschädigungen nachgedacht werden. Diese dürfen aber wirklich nur Aufwandsentschädigungen und keine verdeckte Bezahlung sein, weil dadurch die intrinsische Motivation leidet (vergl. Prechel, 2015, 221 f.). Und es bedarf auch großer Erzählungen von einer besseren Gesellschaft, die ansteckend wirken.

Auch für das ehrenamtliche Engagement von behinderten Menschen aus der Perspektive der Lebenshilfe (Lebenshilfe Landesverband Bayern, 2015) gibt es Spielräume – dazu müssen aber nicht nur Vorurteile in der Bevölkerung abgebaut werden (S. 42), auch eine Anerkennungskultur ist bedeutsam (S. 40 und 47). Leicht lassen sich behinderte Menschen in Wohlfahrtsverbände, Vereine und Senioreneinrichtungen einbinden. Sie können u.a. beim Auf- und Abbau bei öffentlichen Veranstaltungen, beim Sauberhalten und Verschönern von Grünanlagen oder bei Besuchsdiensten in Seniorenheimen eingesetzt werden (S. 45). Die individuellen Fähigkeiten und eigenen Wünsche sind zu beachten und eine intensivere Begleitung in der Anfangsphase ist sicherzustellen (S. 47). Behinderte Menschen brauchen einen verlässlichen Ansprechpartner in den Organisationen/Vereinen.[35]

Ehrenamtliche Beteiligung entscheidet über politische Beteiligung. Gesellschaftliche Mitwirkung leistet einen wichtigen eigenständigen Beitrag zur Verbesserung der Verwirklichungschancen (vergl. Schneider/Volkert, 2005).

3.7. Bildung, Qualifizierung, Fort- und Weiterbildung

Bildung ist ein entscheidender Schlüssel, um am Erwerbsleben zu partizipieren. Bildung muss zugleich so konzipiert und strukturiert sein, dass der Weg in eine Postwachstumsgesellschaft eröffnet wird (vergl. Diefenbacher u.a., 2016, 284) (siehe weiter bei Abschnitt 3.10.). Über Anstrengungen zur Karriereförderung durch Qualifizierung und Weiterbildung bzw. durch die Aushändigung von Bildungszertifikaten machen Menschen Anerkennungserfahrungen. Durch das Sichtbarmachen eines Kompetenzprofils über die Partizipation an Qualifizierungs- und Bildungsmaßnahmen wird ein Anerkennungsimpuls gesetzt.

Die Bereitschaft zum lebenslangen Lernen gilt es zu wecken, um die Entwertung von Bildung im weiteren Berufsleben zu lindern. Es darf nicht der Eindruck entstehen, dass man mit wenig Bildung über

35 Dass es mit einem Grundeinkommen bei Behinderten nicht getan ist, sondern dass Inklusionsanstrengungen auf breiter Ebene dazu treten müssen wird an der Kritik von Angelika Krebs an Van Parijs´Grundeinkommensüberlegungen deutlich (vergl. 2002, 226).

die Runden kommt. Vererbter Bildungsarmut bei Kindern und Jugendlichen ist offensiv zu begegnen[36] – ein liebevolles Fordern gilt es hier zu etablieren (vergl. Hannemann, 2015, 43 f.), wobei die Anerkennung von schlechten Bildungserfahrungen, von subjektiven Lernbarrieren usw. ihren angemessenen Platz bekommt. Bildung muss eine konzertierte Aktion von Staat, Kommunen, Arbeitgebern/Unternehmen, Kirchen und ehrenamtlich getragenen Einrichtungen sein. Sie darf nicht das Privileg von Kernbelegschaften, von Jüngeren oder von arbeitsmarktnahen Migranten sein. Bildung muss eine Bildung „vom Rande her" sein, sie muss jeden Bürger des Landes in die Mitte der Gesellschaft hereinholen. Besonders die „Bürde" der Schwachen und Geringqualifizierten, konkrete Berufs- und Qualifizierungswünsche zu kommunizieren, hat hierbei Beachtung zu finden. Bildung muss als wichtiger Baustein für ein kompetentes Ehrenamt, zur Möglichkeit der Partizipation an Tauschbörsen oder auch als Möglichkeitsbedingung für einen gesunden und umsichtigen Lebensstil vermittelt werden. Es müsste die Pflicht vermittelt werden, Bildung beständig im Leben nachzufragen und dementsprechende Angebote zu nutzen. Auch bei den Schwächsten ist die Neugier auf einen mit einem Bildungszugewinn verbundenen Lebensqualitätszugewinn zu wecken. Es verbessern sich nicht nur die Arbeitsplatzchancen – in Bildungsprozessen sich aufhaltend, verändern sich durch die Partizipation an Lerngruppen auch die Soft Skills. Die Persönlichkeit entwickelt sich durch das beständige Aufsuchen von (ganzheitlichen und ethisch gehaltvollen) Bildungsangeboten. Man kommt als Mensch weiter (vergl. in diesem Kontext u.a. Eichhorst, 2008, 104 f.; DGB, 2015; Mierzwa 2016 b, Zahradnik u.a., 2016).

Während unter Hartz eine Kundensegmentierung stattfindet, wo zwischen marktnahen Kunden, Beratungskunden und Betreuungskunden[37] unterschieden wurde und entsprechend differenziert unter-

36 Dazu ist es notwendig das BGE so auszugestalten, dass bei Kindern und Jugendlichen das BGE zur Hälfte als Bildungskonto eingerichtet wird. Und über dieses Bildungskonto dürfen nur solche Bildungsangebote abgerechnet werden, die ähnlich wie es ein „Spendensiegel" gibt ein „Bildungssiegel" aufweisen.

37 Zum Problem der „Betreuungskunden" im Hartz-System vergl. Mosley, 2008, 133ff. und Jakob, 2008, 140.

schiedlich das Fördern ausfiel[38] und es dadurch zu Gerechtigkeitslücken kam, gilt es nun jedem nach seinen Bedarfen, Bedürfnissen, Kompetenzen und Lernfähigkeiten ein Bildungsangebot zu unterbreiten. Niemand ist mehr von bedarfsgerechten Bildungsangeboten ausgeschlossen, wird in minderwertige Trainingsmaßnahmen abgeschoben oder von nachhaltigen Umschulungsmaßnahmen ferngehalten, wenn ein neuer Berufswunsch sich angesichts der Arbeitsmarktlage ausgebildet hat. Ein Teil der Qualifizierungskosten kann durch das bedingungslose Grundeinkommen finanziert werden und wenn es nur die Mobilitätskosten sind. Andere Kostenbestandteile des Bildungspaketes können in den Verantwortungsbereichs des Arbeitgebers, der Kommune, des Staates oder des ehrenamtlichen Trägers fallen.

Eine „Qualifizierungssäule", die vor allem Erwerbstätige anspricht, die auf Arbeitsplätzen eingesetzt werden, die wenig lernförderlich sind bzw. die Bildungsbereitschaft aushölen, ist in der Gesellschaft zu etablieren. Auch ältere Arbeitnehmer, die meinen genug qualifiziert und gebildet zu sein, können eine Zielgruppe dieser „Qualifizierungssäule" in der Gesellschaft sein. Deren Angebote gehen fachlich über gar manche Angebote der Volkshochschulen hinaus und umfassen betriebliche Sozialisationsangebote. Bildungslotsen resp. –paten können einen Beitrag dazu leisten, damit diese Zielgruppe nicht mit der Auswahl der Bildungsträger überfordert ist, Mut zum Aufbau einer Bildungsbiografie entwickelt und die Angebote innerhalb der „Qualifizierungssäule" transparent sind. Diese „Qualifizierungssäule" ist verknüpft mit einer Bildungspflicht, etwa dahingehend, alle 7 Jahre ein Bildungsangebot nachzufragen. Von der Ausgabe von Bildungsgutscheinen, die einen Sockelbeitrag des Qualifizierungsangebotes abdecken, erhoffe ich mir hierbei eine größere Lernmotivation. Die Zuweisungspraxis zu Maßnahmen unter dem Hartz IV-Sanktionsregime war diesbezüglich kontraproduktiv. Qualifizierungspässe dokumentieren dieses Bildungsengagement und sind wirksam bei der Rentenanwartschaft, ähnlich wie die Erziehungszeiten.

Es gibt bildungsferne Gruppen, die langsam an regelmäßige Bildungsherausforderungen herangeführt werden müssen sowie einer

38 Bei dem statistischen Profiling der „Kunden" gab es eine hohe Fehlerquote, wurden Kompetenzprofile „geschluckt" oder wurde der subjektive Faktor (z.B. psychische/seelische Belastung durch die Arbeitslosigkeit) nicht hinreichend gewürdigt.

umfassenden Beratung und Unterstützung bedürfen (vergl. DGB, 2015, 15). Bildungsangebote können z.B. niedrigschwellig an der Zurückfindung der Selbstachtung ansetzen, entlang des Empowermentgedankens konzipiert sein oder im Dienst eines vitalen und gesunden Lebensstils stehen (vergl. Förderverein gewerkschaftliche Arbeitslosenarbeit e.V., 2001; Mierzwa, 2016 b). Es gilt manchmal, dass Betroffene sich als Lernende wiederentdecken sowie annehmen lernen müssen und eine Freude für Bildungsstoffe entwickeln sollten. Erfolgsprämien für die Zwischenprüfung und die Abschlussprüfung (vergl. DGB, 2015, 14 zu Thüringen) können eventuell lernmotivierend sein. Manchmal sind Bildungsprozesse so anzulegen, dass sie eine Trauerarbeit über untergegangene Berufsmöglichkeiten beinhalten oder aus dem „Trauma" der Langzeitarbeitslosigkeit unter Hartz IV heraus begleiten. D.h. sie müssen psychologisch-seelsorgerlichen Begleitschutz erfahren. Manchmal müssen Bildungsferne mit Hardware ausgestattet werden. Das kann eine Wohnung sein, in der Bildung möglich ist. Das kann in der Bereitstellung eines Schreibtisches, von Bücherregalen und von Lernmaterial bestehen. Auch die Anschaffung eines Computerarbeitsplatzes als Erstausstattung gehören dazu, um die erste Hürde vor dem Lernen herabzusetzen. Erst die Bewirtschaftung des neuen Lernortes wird über das bedingungslose Grundeinkommen abzudecken sein (z.B. höherer Stromverbrauch, höhere Miete, weitere Anschaffung von Büchern usw.).

Zu einer Bildung im Horizont eines Weges zur Postwachstumsgesellschaft (vergl. Abschnitt 3.10.) gehört es, dass die handwerklichen Fähigkeiten und Fertigkeiten der Menschen verbessert werden sowie die Kompetenz verbessert wird, den Haushalt zu führen (vergl. Diefenbacher u.a., 2016, 285). Erwachsenenbildungsangebote dürfen nicht fehlen, um die Verständigungs- und Kooperationsfähigkeit sowie Entscheidungs- und Mitwirkungsfähigkeit der Menschen zu verbessern (vergl. dies., 288). Dadurch werden die Menschen eher in die Lage versetzt die Herausforderungen umzusetzen, die sich mit einer langsam ausweitenden Degrowth- resp. Transition-Town-Bewegung (vergl.

dies., 184ff.)[39] als Teile eines Weges in die Postwachstumsgesellschaft ergeben. Das zeigt sich z.B. an der Etablierung von Repair-Cafés (vergl. dies., 291).

Bei Geringqualifizierten mit Migrationshintergrund ist nicht nur an der fehlenden Qualifikation anzusetzen, sondern es sind auch die Sprachkenntnisse zu verbessern. Bildung gelingt hier nur mit einer interkulturellen Kompetenz (vergl. DGB, 2015, 15 f.).

Es sollte sich eine Evaluation und Zertifizierung von nicht-formal erworbenen Qualifikationen etablieren. Bildung darf nicht nur den Refugien formaler Bildungsangebote vorbehalten werden, sondern es muss auch „learning by doing" wertgeschätzt werden. Der Ruf nach

---

39 Die Transition-Town-Bewegung (vergl. Maschkowski/Wanner, 2014; Maschkowski, 2015; Krehl, 2015; Maschkowski/Ristig-Bresser/Hable/Rost/Schem, 2017) stellt sich als eine weitere Bewegung an der Schnittstelle zur Etablierung des Nachhaltigkeitsgedankens im Horizont der Überlegungen zur Postwachstumsgesellschaft dar, auch wenn Rob Hopkins, der Initiator dieser Bewegung, diesem Begriff ausweicht (vergl. Tügel o.D.). Im Mittelpunkt steht die „Entwöhnung von der Erdölabhängigkeit" (Maschkowski/Wanner, 2014). Und mit einer Sympathie für eine Philosophie des „Weniger" (vergl. Tügel, o.D.) gibt es auch eine Schnittstelle zur Degrowth-Bewegung (dazu näher unter 3.10.). Zur ihr gehören die solidarische Landwirtschaft oder Repair-Cafés, aber auch die urbanen Gärten, Umsonst- und Tauschläden, Do-it-Your-self-Workshops oder Projekte zur alternativen Mobilität (z.B. Lastenfahrradprojekte). Ausdruck der Nachhaltigkeitsorientierung in der Transition-Town-Bewegung ist vor allem das schon erwähnte urbane Gärtnern, Permakultur sowie die solidarische Landwirtschaft. Als Beitrag zur Nachhaltigkeit wird gehofft, dass über die Relokalisierung der Produktionsindustrie Transportwege wegfallen (vergl. Krehl, 2015, 29). Transition-Initiativen wachsen nur gut in einer „Mischkultur", das heißt in guter Nachbarschaft mit anderen Initiativen des Wandels. Die Transition-Town-Bewegung teilt nicht den Glauben an eine alles heilende Technik. Vom Bildungsansatz her wird nicht die Top-Down-Strategie gewählt, sondern es werden Geschichten von Gelungenem erzählt, die zum Nachmachen ermutigen. Die positiven Beispiele sollen Mut machen, selbst die Initiative zu ergreifen und positive Veränderungserfahrungen zu machen (vergl. Maschkowski/Wanner, 2014, 3). Es geht um Selbstermächtigung im Sinne Gandhis, der sagte. „Sei selbst die Veränderung, die du in der Welt sehen willst". Sie vernetzt Erfahrungen über erprobte Wege in die Postwachstumsgesellschaft hinein. Die Transition-Town-Bewegung verrennt sich nicht in der kritischen Bewertung, führt keinen Kampf gegen Missstände und reibt sich nicht an Feinbildern, sondern geht munter ans Tagwerk, ausgehend von positiven Zukunftsbildern und sieht mit viel Hoffnung Gestaltungsmöglichkeiten auf die Postwachstumsgesellschaft hin (vergl. Maschkowski/Wanner, 2014, 2). Der hohe Bildungsstand der Engagierten wirft die Frage auf, wie auch (bildungsrelevante) Zugänge für andere Bevölkerungsgruppen geschaffen werden können (vergl. dies., 2014, 9).

Bildung darf nicht in die Professionalisierungsfalle laufen, sondern es müssen auch Bildungsprozesse im häuslichen Bereich, bei nachbarschaftlichen Tätigkeiten oder durch die Mitarbeit in einem Ehrenamt zertifiziert werden können. Bildungsangebote innerhalb von Tauschbörsen oder im Ehrenamtssektor sollten nachträglich zertifizierbar sein. Über Partnerbörsen können Menschen zur Bildung zusammenfinden. Online-Partnerschaften und –Gruppen können für einen bildungsrelevanten Austausch in Frage kommen (vergl. Diefenbacher u.a., 2016, 292). Modulare Bildung kann es möglich machen, dass Bausteine eines Bildungsweges auch in nicht-formalen und informellen Weiterbildungsprozessen bearbeitet werden können.

Diese Ausführungen zur Bildung sind Teil des gesamten Maßnahmenbündels und dürfen nicht isoliert davon betrachtet werden. Und sie erfolgen im Horizont der kritischen Ausführungen von Alexander Dietz: „Durch Bildung werden nach Niebuhr benachteiligte Schichten zwar einerseits befähigt, ihr Interessen zu vertreten, aber andererseits auch gezähmt und dadurch leichter beherrschbar gemacht" (2016, 331). Bildung muss auch im Dienst einer sozialethischen und charakterlichen Bildung für alle Bürger stehen, um diese zu einer angemessenen Situationsanalyse und zu einer Bereitschaft zum Einsatz für gerechte Strukturen zu befähigen (vergl. ders., 332).

3.8. Haushalt

Schon vor zehn Jahren formulierte Antje Schupp (2007) die Notwendigkeit, die Kultur der gegenseitigen Sorge zu verallgemeinern und mit der Grundeinkommensidee zu verknüpfen (S. 92). Und Straubhaar sieht grundsätzlich das Potential im BGE, dass Beruf und Familie leichter miteinander verbunden werden können (vergl. ders., 2017, 178). Hierbei werden sich aber, damit sich das auf breiter Ebene etabliert, vor allem die Männer bewegen müssen (vergl. Hengsbach, 2015, 142), damit nicht die Befürchtungen des WIDE-Debattierclub Realität werden und das BGE Frauen wieder stärker auf Haushalt und Care-Arbeit festlegt. Haushalts- und Care-Arbeit müssen, damit sie stärkere Anerkennung erfahren, bei dem Erzielen von Rentenpunkten gleichberechtigt neben der Erwerbsarbeit und dem Ehrenamt berücksichtigt werden.[40]

Die Zahl der „modernen" Männer nimmt in Deutschland zu – abhängig vom Alter. Je jünger sie sind, desto höher ist deren Anteil. Und diese übernehmen weit mehr Hausarbeit als traditionelle Männer (vergl. Beckmann, 2008, 16 [Abb. 4]). Aber es gibt immer noch viele Männer, die von der Erosion des hegemonialen, traditionellen Männlichkeitsbildes nicht erfasst sind. Vor allem „wohlhabende" Männer sind hier zu erwähnen (vergl. dies., 17). Es ist zu hoffen, dass durch das Teilen der Arbeit, durch das Grundeinkommen und durch eine verstärkte Anerkennungskultur der Haus- und Familienarbeit die häufig zu beobachtende Traditionalisierung der Männer bei mehr Kindern im Haushalt weniger häufiger greift.

Männer werden auch „unattraktive" Hausarbeiten für sich entdecken müssen, das zeigt eine Zeitvolumenstudie für unbezahlte Arbeit, aus dem Jahr 2000, für die Schweiz. Männer engagieren sich viel zu wenig bei der Zubereitung von Mahlzeiten, beim Abwasch, beim Putzen und beim Waschen (vergl. Schweizerischer Katholischer Frauenbund, 2003, 7). Daran hat sich auch 2016 nichts wesentlich geändert (vergl. Diefenbacher u.a., 2016, 300 f.). Ein wenig wurde die „unattraktive" Hausarbeit durch Technik substituiert und dadurch für Männer „attraktiver".

Durch den Zivildienst erwarben Männer in Deutschland eine bessere Kompetenz für die Regenerationsarbeit im Haushalt. Sie lernten besser Zuwendung zu üben, waren geübter im Zuhören, verbesserten

40 Dazu müsste eine Formel gefunden werden, die die Haushalts- und Care-Arbeit zu Hause vergleichbar bewertet wie die Erwerbsarbeit im Hausmeister-, Küchen-, Reinigungs-, Pflege-, Bildungs- und Erziehungsbereich. Darüber hinaus müsste ein besonderes Gewicht hinsichtlich der Managementkompetenz bei Mehrpersonenhaushalten enthalten sein. Auch das Profil eines hauptberuflichen Betreuers kann in den Schlüssel hineinfließen. Christof Arn (2000) zeigt auf, dass die Kompetenzen/Qualifikationsanforderungen für die Haus- und Familienarbeit im Vergleich zu anderen Berufen auf einem erheblichen Niveau liegen und bisher unterbewertet sind (vergl. S. 521 f., Grafik 25 und 26). Ich folge der grundsätzlichen These von Angelika Krebs, dass Haus- und Familienarbeit ökonomische Anerkennung verdient (2002, 40), aber nicht in Form eines direkten Lohnes, sondern in einer sehr viel stärkeren Berücksichtigung bei der Höhe der Rente. Das BGE stellt eine indirekt ökonomische Anerkennung der Haus- und Familienarbeit dar (vergl. in diesem Zusammenhang die Argumentationen bei Krebs, 2002, 70, 78, 83ff., 212).

ihre Empathie und Fürsorglichkeit usw. Das Freiwillige Soziale Jahr kompensiert dies nur bedingt, weil nicht flächendeckend die Männer angesprochen werden würden. Es wäre daher zu überlegen, ob das Freiwillige Soziale Jahr zu einer verpflichtenden und zeitlich erweiterten Einrichtung für junge Menschen werden müsste.

Dadurch dass die Familie als Anerkennungsraum für den „eigensinnigen" Menschen mit speziellen Eigenschaften und Fähigkeiten (vergl. Nierling, 2013, 96) entdeckt wird, könnte sie für Frauen wie Männer attraktiv werden. Die individuelle Einzigartigkeit täglich zu verspüren ist eine wesentliche Anerkennungserfahrung.

Die Erwägungen wurden gemacht vor dem Hintergrund der Feststellung, dass erweiterte Konzepte von Arbeit eine geschlechtergerechte Verteilung von Tätigkeiten jedoch nicht explizit gefordert haben. Hausarbeit und Fürsorgetätigkeit sollten im Sinne der Geschlechtergerechtigkeit für beide Geschlechter selbstverständlich sein (vergl. Nierling, 2013, 37). Dafür bedarf es aber einer stärkeren Anerkennung der Sorgearbeit, damit nicht wegen der Entwertung der Sorgearbeit in „andere" Arbeit – z.B. die Erwerbsarbeit oder ein bürgerschaftliches Engagement „geflüchtet" wird (siehe dazu auch dies., 48).

Svenja Hofert (2007) stellte Fragen, die helfen, um aus den Sackgassen althergebrachter Rollenbilder herauszukommen, Prioritäten zu überdenken (z.B. beim Geld S. 240 f.), Kompetenzen zu entdecken usw. Sie stellte familienfreundliche Unternehmen vor, wo nicht nur auf das veränderte Selbstbild von Männern respektvoll eingegangen wird, sondern auch Angebote für die Vereinbarkeit von Beruf und Familie gemacht werden. Sie entdeckt den (immer häufiger) auftretenden „neuen" Mann, wie den Fairpas, der allerdings nur begrenzt bei der real existierenden Arbeitswelt realisierbar ist (vergl. S. 37 f.). Mit den Vorschlägen, die ich in den bisherigen Ausführungen gemacht habe, wird es eher möglich, dass die Frau vormittags und der Mann nachmittags arbeitet. Papi die Kleinen vormittags hütet und nachmittags dies die Mami tut. Die Kombination von zwei „Teilzeitjobs" incl. BGE ist finanziell ausreichend. Beispielhafte Jobsharingmodelle zeigen, dass Firmen die Herausforderung lösen können – sie müssen sich nur darauf einlassen. Bei manchem Beruf scheint es nicht möglich, den Fairpas zu realisieren.

3.9. Zeit für Muße und Hobby

In dem Dreieck von Armut – Macht – Ohnmacht gilt es, die Armen zunächst einmal so anzunehmen, wie sie sind. Die Ohnmachtserfahrungen sind zu würdigen, eine Ermutigung zum Bejahen der eigenen Wissensbestände und „Weisheiten des Lebens“ sollte dazu treten. Eine „Aktivierung durch Muße“ (vergl. David, 2016, 345) ist als möglich zu erachten, vor allem um einer Entmündigung vorzubeugen.

Mit der Betonung der Muße wird das protestantische Arbeitsethos relativiert. Wer Muße übt, muss nicht gleichzeitig „arbeitsscheu“ sein. Es gibt einen Spielraum für eine Sabbatkultur jenseits der Kultur der „Forderns und Förderns“. Das ganze Leben muss nicht der Persönlichkeitsentwicklung, der Qualifizierung, der Arbeitserprobung, sei es im Ehrenamt, in der Care-Arbeit oder in Ein-Euro-Jobs, gewidmet sein.

Die Wertschätzung der Mußezeit ist die Antipode zu einem gnadenlosen Leistungsdenken und der damit verbundenen existenziellen Angst, die der Ausgrenzung von bestimmten Gruppen, wie derjenigen der Langzeiterwerbslosen, zugrunde liegt (vergl. hier: Dietz, 2016, 327). In der Muße-Zeit werden die Menschen befreit zur Selbst-Fürsorge, zur Selbst-Achtsamkeit und zur Selbst-Entfaltung.

Die Zeit der Muße, der selbstbestimmten Eigenarbeit kann ein besonderer Raum der Selbstverwirklichung, des Erlebens von Autonomie oder der selbstbestimmten Suche nach der eigenen Berufung sein. Hier kann besonders stark die Gelegenheit zu „intrinsisch motivierten“ Handelns erfahren werden. „Auch können damit Erfahrungen verbunden sein, an der Auseinandersetzung mit etwas Widerspenstigen zu wachsen“ (Nierling, 2013, 98). Die Muße-Zeit ist ein wesentlicher Baustein, um die volle Entwicklung des Individuums zu ermöglichen (vergl. Gorz, 2007, 76). Durch die Muße-Zeit finden die Menschen wieder zu „Hingabe“, Imagination, Kreativität und so weiter (vergl. ders., 75), was wiederum bedeutsam dafür ist, dass „höhere Fähigkeiten“ vertieft und weiterentwickelt werden.

Mittels eines solide ausgestatten BGE sollten die bisher unter Armut beschränkten Möglichkeiten zu einem Hobby rsp. einer Sportaktivität (vergl. Andresen/Galic, 2015, 63 und 90) überwunden werden können. „Zweckfreies Spielen übt nicht nur Kinder in sozialer Kooperation. Sport, ohne einen Wettbewerb gewinnen zu wollen, Bewegung, ohne an einem bestimmten Ort ankommen zu müssen, tun nicht nur dem individuellen Körper gut, sondern auch der Wahrnehmung der Person neben dir als Menschen" (Rätz/Paternoga, 2017, 38).

Auch wenn Hobbys manchmal finanziell sehr anspruchsvoll sind, so sind doch auch interessante Hobbys mit geringem finanziellem Spielraum zu realisieren. Es ist möglich komplexe Aktivitäten zu organisieren – diese können die Bereiche Kultur, Sport und Technik umgreifen (vergl. Bednarek-Gilland, 2015, 24-26).

3.10. Postwachstumsgesellschaft/Degrowth

Die bisher gemachten Vorschläge sind nur sinnvoll vor dem Hintergrund eines mentalen Wandelns in der Gesamtgesellschaft vorstellbar. Ein anderer Lebensstil müsste sich etablieren – weg vom Immer-Mehr, Immer-Besser, Immer-Schneller. Ein Kampf gegen die Maßlosigkeit muss beginnen. Es geht bei der Degrowth-Bewegung (vergl. oya 28 September/Oktober 2014; Konzeptwerk Neue Ökonomie & DFG-Kolleg Postwachstumsgesellschaften, 2017; Acosta/Brand, 2018, 98ff.) darum, den Rückgang von einer Massenproduktion und von einem Massenkonsum (vergl. Methmann, 2007), den Wandel vom Haben zum Sein (vergl. Fromm, 2006/2007), sozial zu gestalten. Der Umgang mit Vorstellungsbildern und gesellschaftlichen Annahmen zu dem, was man mit „Status" verbindet, wird sich wandeln müssen. Und in dem, was man denkt, was „Sinn" stiften müsste, werden Verschiebungen erfolgen müssen. Hinter Degrowth steckt ein anderes Verständnis von Wohlstand und Lebensqualität als es durch das Wachstums-, Konsum- und exorbitante Technikparadigma[41] vermittelt wird. Das gemeinsame solidarische Zusammenleben soll die Chancen zum Langsamer, Weniger und Bescheidener eröffnen. Beziehungserfahrungen und Gemeinschaftserfahrungen sollen zu einer Neujustierung der Nachfrage von einer Konsumnachfrage zu einer Bildungsnachfrage beitragen. „Die „Logik der Gabe", wie sie vor allem unter Freunden, Verwandten und Menschen in Kommunitäten gelebt wird, hat ihren Stellenwert.

41 Verschiedene Autoren weisen darauf hin, dass ein Teil der Degrowth-Bewegung zuweilen extrem technikfeindlich ist.

Mit einer Etablierung des Geistes einer „Logik der Gabe“ funktionieren dann auch Tauschbörsen besser, weil dann z.B. Englischnachhilfe gegen Kuchenbacken, Rasenmähen gegen Haushaltsgerät-reparieren leichter getauscht werden können. Die individualistischen Lebensentwürfe erfahren eine Korrektur; gemeinschaftliche Orientierung im Leben und solidarische Vernetzung – zum Beispiel in Kontrastgesellschaften[42] – sind angesagt. Dadurch funktioniert dann z.B. auch vielleicht das Prinzip Car-Sharing vielleicht auf breiterer Ebene und der Bedarf des Autokaufs reduziert sich. Die bisherige Vollzeit-Erwerbsbiografie wird als latent „toxischer Raum“ entlarvt – sie macht manchmal häufiger krank, stiftet manchmal weniger erfüllende Erfahrungen, ist manchmal weniger geeignet zur Sinnfindung beizutragen und manchmal kann sie nicht dazu beitragen, vertrauensvolle zwischenmenschliche Beziehungen aufzubauen. Damit steigt dann auch die Bereitschaft, sich auf ein Ehrenamt einzulassen, sich in der Care-Arbeit zu engagieren und Muße-Zeiten für sich zu organisieren. Und das über die Globalisierung leichter ermöglichte Immer-Mehr und das Abdriften in eine Maßlosigkeit wird sich über eine stärker regionalisierte Wirtschaft wandeln müssen zu einer bescheideneren, nachhaltigeren Nachfrage. Die mit der Globalisierung entstandenen Produktionsketten (z.B. bei Kleidung) werden in regionalere Zusammenhänge zurückgeführt. Mit einer stärker regionalisierten Ökonomie wird auch „Ungerechtigkeit“ leichter sichtbar und dadurch die Bereitschaft steigen, eher „gerechte Preise“ zu zahlen (siehe auch die Ausführungen zu Niko Paech in: Diefenbacher u.a., 2016, 260-266).

42 Es gibt schon Kontrastgesellschaften in denen etwas von dem anbricht, was unter Degrowth angedacht, diskutiert, erprobt und praktiziert wird. So möchte ich auf die Basisgemeinde Wulfshagenerhütten (vergl. Meyer-Stromfeldt, 2012), die Kommunität Brot und Rosen – Hamburg (vergl. http://www.brot-und-rosen.de/ueber-uns.2.0.html sowie Ausgaben des im Internet verfügbaren Rundbriefes) und die Firma Lebensbaum Ulrich Walter GmbH (vergl. Pufé, 2017, 129 f.) hinweisen. Reinhard Hütter (vergl. 1993, 177) weist u.a. darauf hin, dass Kontrastgesellschaften keine Gesellschaften mit „Getto“-Mentalität seien, auch wenn sie nicht in der Gestalt und dem Geist mit dem Geist und der Gestalt der übrigen Gesellschaft angepasst seien. Kontrastgesellschaften sind eine Alternative zu verbürgerlichten, saturierten und selbstbezüglichen Milieus. Kontrastgesellschaften arbeiten mit einem Graswurzelkonzept (vergl. auch Mierzwa, 2017, 235 f. Anm. 70).

4. Literaturverzeichnis

ACOSTA, Alberto/BRAND, Ulrich: Radikale Alternativen. Warum man den Kapitalismus nur mit vereinten Kräften überwinden kann, München 2018

AGUIRRE, Rafael/VITORIA CORMENZANA, Francisco J.: Gerechtigkeit, S. 1181-1219 in: ELLACURIA/SOBRINO (Hg), 1990/1996

AMES, Anne (Eine Studie im Auftrag der Hans-Böckler-Stiftung in Kooperation mit dem Deutschen Gewerkschaftsbund, Bezirk Baden-Württemberg, des Kirchlichen Dienstes in der Arbeitswelt Baden und des Kirchlichen Dienstes in der Arbeitswelt Württemberg): Hartz IV in Baden-Württemberg. Die Erfahrungen der Betroffenen mit der Umsetzung und den Auswirkungen des SGB II, Bad Boll 2008

AMMICHT QUINN, Regina: Kampf um Anerkennung und soziale Scham. Zur Diskussion um die moralische und soziale Dynamik gesellschaftlicher Konflikte, S. 39-50 in: BECK/FISCHER (Hg.), 2007

ANDRESEN, Sabine/GALIC, Danijla (unter Mitarbeit von Laura Digoh, Ezgi Erdogan und Selina Tschida): Kinder. Armut. Familie. Alltagsbewältigung und Wege zu wirksamer Unterstützung, Gütersloh 2015

ANSELM, Reiner/KÖRTNER, Ulrich H.J. (Hg.): Evangelische Ethik Kompakt. Basiswissen in Grundbegriffen, Gütersloh 2015

ANTONCICH, Ricardo/MUNARRIZ, José Miguel: Die Soziallehre der Kirche, Düsseldorf 1988

APIN, Nina: Das Ende der Ego-Gesellschaft. Wie die Engagierten unser Land retten, Bonn 2013

ARENS, Edmund (Hg.): Anerkennung der Anderen. Eine theologische Grunddimension interkultureller Kommunikation, Freiburg/Basel/Wien 2(1995)

ARMINGEON, Klaus (Hg.): Staatstätigkeiten, Parteien und Demokratie (FS Manfred G. Schmidt), Wiesbaden 2013

ARN, Christof: HausArbeitsEthik. Strukturelle Probleme und Handlungsmöglichkeiten rund um die Haus- und Familienarbeit in sozialethischer Perspektive, Chur/Zürich 2000

AUST, Judith: Arbeitsmarktpolitik und Existenzsicherung, S. 75-82 in: AUST/BAETHGE-KINSKY/MÜLLER-SCHOELL/WAGNER (Hg.), 2008

AUST, Judith/BAETHGE-KINSKY, Volker/MÜLLER-SCHOELL, Till/WAGNER, Alexandra (Hg.): Über Hartz hinaus. Stimmt die Richtung in der Arbeitsmarktpolitik?, Düsseldorf 2008 (Hans-Böckler-Stiftung)

BÄCKER, Gerhard/NEUBAUER, Jennifer: Arbeitslosigkeit und Armut: Defizite von sozialer Sicherung und Arbeitsförderung, S. 624-643 in: HUSTER/BOECKH/MOGGE-GROTJAHN (Hg.), 2(2012)

BAHR, Petra: Ethik der Kultur, S. 401-450 in: HUBER/MEIREIS/REUTER (Hg.), 2015

BANZHAF, Günter/FETZER, Antje/GOETZ, Karin/MAIER, Martin/STAIGER, Martin: Theologie der Gemeinden in Zeiten von Hartz IV, S. 346-366 in: EURICH/BARTH/BAUMANN/WEGNER (Hg.), 2011

BAUER, Rudolph/PLATTA, Holdger (Hg.): Kaltes Land. Gegen die Verrohung der Bundesrepublik. Für eine humane Demokratie, Hamburg 2012

BECK, Christian/FISCHER, Wolfgang (Hg.): Damit alle leben können. Plädoyers für eine menschenfreundliche Ethik, Erkelenz 2007

BECKMANN, Sabine: Männer und Familienarbeit in Schweden, Frankreich und Deutschland, 25 Seiten (Vortrag bei der Arbeitnehmerkammer Bremen am 2. Dezember 2008) (http://www.sabinebeckmann.de/Vortrag_Arbeitnehmerkammer_SabineBeckmann_Web.pdf abgerufen 7.3.17)

BEDFORD-STROHM, Heinrich: Vorrang für die Armen. Auf dem Weg zu einer theologischen Theorie der Gerechtigkeit, Gütersloh 1993

DERS.: Moderne Wirtschaft und die christliche Hoffnung auf Gerechtigkeit, S. 120-143 in: LINK-WIECZOREK/MIGGELBRINK u.a., 2004

BEDNAREK-GILLAND, Antje: Fragiler Alltag. Lebensbewältigung in der Langzeitarbeitslosigkeit, Hannover 2015 (Hg. Sozialwissenschaftliches Institut der EKD und Diakonie Deutschland)

BIELEFELDER ARBEITSKREIS „1-EURO-JOBS UND GEMEINNÜTZIGE ORGANISATIONEN" (c/o Bürgerwache e.V. Rolandstr. 16, 33615 Bielefeld): Ehrenamt statt 1-Euro-Job? Diskussionspapier, 5 Seiten, Bielefeld 2005

BLASCHKE, Ronald: Bedingungsloses Grundeinkommen – Würde und Wert des Menschen. Menschenbild und Modelle, 23 Seiten (plus Literaturliste) Dresden, September 2007 (http://www.archiv-grundeinkommen.de/blaschke/wuerde-und-wert.pdf abgerufen 12.9.16)

DERS.: Grundeinkommensbewegung: keine nachhaltige ökologische Transformation ohne bedingungslose soziale Sicherung aller Menschen, S. 200-211 in: KONZEPTWERK NEUE ÖKONOMIE & DFG-KOLLEG POSTWACHSTUMSGESELLSCHAFTEN (Hg.), 2017

BOFF, Clodovis/PIXLEY, Jorge: Die Option für die Armen, Düsseldorf 1987

BÖHNKE, Petra/DATHE, Dietmar: Rückzug der Armen. Der Umfang freiwilligen Engagements hängt von der materiellen Lage ab – und von der Bildung, S. 14-17 in: WZB-Mitteilungen, Heft 128 (Juni 2010)

BOLLER, Andreas/JANOWSKI, Peter (Hg.) ′reingeredet. GottesWort in MenschenOhr. Beiträge zu gesellschaftlichen Herausforderungen, Gießen 1998

BRINKMANN, Bastian: Die geprellte Gesellschaft. Warum wir uns mit der Steuerflucht von Reichen und Konzernen nicht abfinden dürfen, München 2014

BROX, Richard (im Gespräch mit Frank Meyer): „Auf der Straße ist es sehr rau geworden" in: http://www.deutschlandfunkkultur.de/obdachlosigkeit-auf-der-strasse-ist-es-sehr-rau-geworden.1270.de.html?dram:article_id=407133 abgerufen am 25.4.2018

BRUHN, Lars/HOMANN, Jürgen/JUDITH, Christian/TEUFEL, Anja (Hg.): Inklusiver Arbeitsmarkt. Zwischen menschenrechtlichem Anspruch und vielfältigen Barrieren. Ein Arbeits-Markt für Alle! Es soll Inklusion auf dem Arbeits-Markt geben, Baden-Baden 2018

BUCHNER, Tobias/PFAHL, Lisa/TRAUE, Boris: Zur Kritik der Fähigkeiten: Ableism als neue Forschungsperspektive der Disability Studies und ihrer Partner_innen, 8 Seiten in: www.inklusion-online.net 2/2015 (http://www.inklusion-online.net/index.php/inklusion-online/article/view/303/270 abgerufen am 10.6.16)

BUJO, Bénézet: Die Soziallehre der Kirche und die Kulturen der Völker, S. 153-170 in: HEIMBACH-STEINS/LIENKAMP/WIEMEYER (Hg.), 1995

BUNDESMINISTERIUM FÜR FAMILIE, SENIOREN, FRAUEN UND JUGEND (Hg.): Freiwilliges Engagement in Deutschland – Freiwilligensurvey 1999 – Ergebnisse der Repräsentativerhebung zu Ehrenamt, Freiwilligenarbeit und bürgerschaftlichen Engagement, Stuttgart/Berlin/Köln 2000

BUTTERWEGGE, Christoph: Rechtfertigung, Maßnahmen und Folgen einer neoliberalen (Sozial-)Politik, S. 135-219 in: DERS. u.a., 2008

DERS.: Die politische Repräsentation von Armen und Reichen – ein Problem für die Legitimation der Demokratie?, S. 27-52 in: LINDEN/THAA (Hg.), 2014

DERS.: Armut – sozialpolitischer Kampfbegriff oder ideologisches Minenfeld? Verdrängungsmechanismen, Beschönigungsversuche, Entsorgungstechniken, S. 51-83 in: SCHNEIDER (Hg.), 2015 a

DERS.: Hartz IV und die Folgen. Eine kritische Bilanz nach zehn Jahren, S. 38-53 in: Gesundheits- und Sozialpolitik. Zeitschrift für das gesamte Gesundheitswesen 69(1)2015 b

DERS.: Hartz IV und die Folgen. Auf dem Weg in eine andere Republik, Weinheim und Basel 2015 c

DERS./HARTMANN, Anny (im Gespräch moderiert durch Nils Husmann und Claudius Grigat von chrismon): Jetzt kannst du tun, wovon du träumst, S. 24-27 in: chrismon 11/2017

DERS./LÖSCH, Bettina/PTAK, Ralf: Kritik des Neoliberalismus, Wiesbaden 2(2008)

CARITAS IN NRW (Hg.): Brauchen wir Tafeln, Suppenküchen und Sozialkaufhäuser? Hilfen zwischen Sozialstaat und Barmherzigkeit, Freiburg im Breisgau 2011

DAVID, Michael: Armut Macht Ohnmacht – Strategien der Ermutigung, S. 333-346 in: DIETZ/GILLICH (Hg.), 2016

DBK/EKD: Für eine Zukunft in Solidarität und Gerechtigkeit, GT9, Bonn/Hannover 1997

DEGENER, Theresia/DIEHL, Elke (Hg.): Handbuch Behindertenrechtskonvention. Teilhabe als Menschenrecht – Inklusion als gesellschaftliche Aufgabe, Bonn 2015

DGB (Bereich Arbeitsmarktpolitik): Gesundheitsrisiko Arbeitslosigkeit – Wissensstand, Praxis und Anforderungen an eine arbeitsmarktintegrative Gesundheitsförderung, 23 Seiten in: DGB-**arbeitsmarkt**aktuell Nr. 9/August 2010

DGB (Abteilung Arbeitsmarktpolitik): Verfestigte Armut – Langzeitbeziehende im Hartz IV-System, 16 Seiten in: DGB-**arbeitsmarkt**aktuell Nr. 2/Mai 2013

DGB (Abteilung Arbeitsmarktpolitik): Aussichtslos ?!? – Zur Situation Geringqualifizierter auf dem Arbeitsmarkt, 18 Seiten in: DGB-**arbeitsmarkt**aktuell Nr. 6/ Juni 2015

DIAKONIE: Zehn Jahre Hartz IV – zehn Thesen der Diakonie. Menschenwürde und soziale Teilhabe in der Grundsicherung verwirklichen (Diakonie Texte – Positionspapier – 05.2015)

DIEFENBACHER, Hans/FOLTIN, Oliver/HELD, Benjamin/RODENHÄUSER, Dorothee/SCHWEIZER, Rike/TEICHERT, Volker: Zwischen den Arbeitswelten. Der Übergang in die Postwachstumsgesellschaft, Frankfurt am Main 2016

DIEKMANN, Florian: Fehlerhafte Statistiken. Wieso Hartz IV tatsächlich zu wenig zum Leben ist. Immer mehr Menschen in Deutschland nutzen Tafeln. Ein Grund sind die knappen Hartz-IV-Bezüge, die sich am Existenzminimum ausrichten. Das wird aber – mit Wissen der Regierung – seit Jahren zu niedrig berechnet, 8.3.2018 (http://www.spiegel.de/wirtschaft/soziales/tafel-streit-wieso-hartz-iv-tatsaechlich-zu-wenig-zum-leben-ist-a-1197012.html abgerufen am 2.5.2018)

DIETZ, Alexander: „Hartz IV“ und Vorurteile aus theologischer Perspektive, S. 297-332 in: DIETZ/GILLICH (Hg.), 2016

DERS./GILLICH, Stefan (Hg.): Armut und Ausgrenzung überwinden. Impulse aus Theologie, Kirche und Diakonie (FS Dr. Wolfgang Gern), Leipzig 2016

DISW (Deutsches Institut für Sozialwirtschaft)/FREIE WOHLFAHRTSPFLEGE NRW (Hg.): Schritt für Schritt – Ergebnisbericht der wissenschaftlichen Begleitung, Kiel/Hamburg 2016

DÖRFLER, Sebastian/FRITZSCHE, Julia: Die Verachtung der Armen. Vom Bild des faulen Arbeitslosen zur Figur des „Asylschmarotzers“, S. 73-80 in: Blätter für deutsche und internationale Politik 3/2016

DUCHROW, Ulrich/BIANCHI, Reinhold/KRÜGER, René/PETRACCA, Vincenzo: Solidarisch Mensch werden. Psychische und soziale Destruktion im Neoliberalismus – Wege zu ihrer Überwindung, Hamburg/Oberursel 2006

EBERT, Thomas: Soziale Gerechtigkeit in der Krise, Bonn 2012

EICHER, Peter: Die Anerkennung der Armen und die Option für die Armen, S. 10-53 in: EICHER/METTE (Hg.), 1989

DERS./METTE, Norbert (Hg.): Auf der Seite der Unterdrückten? Theologie der Befreiung im Kontext Europas, Düsseldorf 1989

EICHHORST, Werner: Arbeitsmarktpolitik und Existenzsicherung, S. 98-106 in: AUST/BAETHGE-KINSKY/MÜLLER-SCHOELL/WAGNER (Hg.), 2008

EKD (Rat der): Gerechte Teilhabe. Befähigung zu Eigenverantwortung und Solidarität, Gütersloh 2006

ELLACURIA, Ignacio/SOBRINO, Jon (Hg.): Mysterium liberationis. Grundbegriffe der Theologie der Befreiung, Band 1+2, Luzern 1995/1996

EURICH, Johannes/BARTH, Florian/BAUMANN, Klaus/WEGNER, Gerhard (Hg.): Kirchen aktiv gegen Armut und Ausgrenzung. Theologische Grundlagen und praktische Ansätze für Diakonie und Gemeinde, Stuttgart 2011

EXNER, Andreas/RÄTZ, Werner/ZENKER, Birgit (Hg.): Grundeinkommen. Soziale Sicherheit ohne Arbeit, Wien 2007

FELBER, Christian: Gemeinwohl-Ökonomie, München 2018

FISCHER, Johannes: Theologische Ethik. Grundwissen und Orientierung, Stuttgart/Berlin/Köln 2002

DERS./GRUDEN, Stefan/IMHOF, Esther/STRUB, Jean-Daniel: Grundkurs Ethik. Grundbegriffe philosophischer und theologischer Ethik, Stuttgart 2(2008)

FÖRDERVEREIN GEWERKSCHAFTLICHE ARBEITSLOSENARBEIT e.V.: Leitfaden für Kulturprojekte von Erwerbsloseninitiativen, Bielefeld 2001

FRASER, Nancy/HONNETH, Axel: Umverteilung oder Anerkennung? Eine politisch-philosophische Kontroverse, Frankfurt/Main 2003

FREY, Christofer: Wege zu einer evangelischen Ethik. Eine Grundlegung, Gütersloh 2014

FROMM, Erich: Haben oder Sein. Die seelischen Grundlagen einer neuen Gesellschaft, Hamburg 1976 – 2006/2007

GABRIEL, Karl (Hg.): Solidarität (Jahrbuch für Christliche Sozialwissenschaften – Band 48), Münster 2007

GALTUNG, Johann: Strukturelle Gewalt, Reinbek 1975

GENSICKE, Thomas (Forschungsinstitut für öffentliche Verwaltung, FÖV): Freiwilliges Engagement in den neuen und alten Ländern, S. 22-113 in: BUNDESMINISTERIUM FÜR FAMILIE… (Hg.), 2000

GIEGOLD, Sven/EMBSHOFF, Dagmar (Hg.): Solidarische Ökonomie im globalisierten Kapitalismus, Hamburg 2008

GORZ, André: Seid realistisch – verlangt das Unmögliche, S. 70-78 in: EXNER/RÄTZ/ZENKER (Hg.), 2007

GRANT-HAYFORD, Naakow/SCHEYER, Victoria: Strukturelle Gewalt verstehen. Eine Anleitung zur Operationalisierung, 9 Seiten, Juni 2016 in: galtung-institut.de/papers/G-I-WP-2016-06-SG.pdf abgerufen am 14.4.2018

GROSSE, Heinrich: Von einer Kirche für die Armen zu einer Kirche mit den Armen?, S. 309-328 in: EURICH/BARTH/BAUMANN/WEGNER (Hg.), 2011

GROSSE KRACHT, Hermann-Josef/SPIEß, Christian (Hg.): Christentum und Solidarität. Bestandsaufnahmen zu Sozialethik und Religionssoziologie, Paderborn/München/Wien/Zürich 2008

HANNEMANN, Inge (mit Beate Rygiert): Die Hartz IV Diktatur. Eine Arbeitsvermittlerin klagt an, Reinbek bei Hamburg 2015

HANS BÖCKLER STIFTUNG (verantwortlich Dr. Erika Mezger): Die „Hartz-Reform" und ihre Folgen. Forschungsimpulse für eine innovative und sozial gerechte Arbeitsmarktpolitik, Düsseldorf Mai 2007

HÄRLE, Wilfried: Ethik, Berlin/New-York 2011

HARTMANN, Michael: Soziale Ungleichheit. Kein Thema für die Eliten?, Frankfurt-Main/New-York 2013

HASPEL, Michael: Sozialethik in der globalen Gesellschaft. Grundlagen und Orientierung in protestantischer Perspektive, Stuttgart 2011

HAUG, Frigga: Wozu um Zeit kämpfen?, S. 191-199 in: BAUER/PLATTA (Hg.), 2012

HAYWOOD, Luke (DIW Berlin): Bedingungsloses Grundeinkommen: eine ökonomische Perspektive, 7 Seiten (21. August 2014) (https://www.diw.de/de/diw_01.c.479869.de/presse/diw_roundup/bedingungsloses_grundeinkommen_eine_oekonomische_perspektive.html abgerufen am 26.1.17)

HEIMBACH-STEINS, Marianne/LIENKAMP, Andreas/WIEMEYER, Joachim (Hg.): Brennpunkt Sozialethik. Theorien-Aufgaben-Methoden, Freiburg/Basel/Wien 1995

HENGSBACH, Friedhelm: Bürgerkrieg der politischen Klasse gegen die arm Gemachten, S. 57-74 in: BAUER/PLATTA (Hg.), 2012

DERS.: Armut wird gemacht. Das Versagen der politischen Klasse, den gesellschaftlichen Reichtum zu verteilen, S. 109-144 in: SCHNEIDER (Hg.), 2015

HILPERT, Konrad: Die Menschenrechte. Geschichte – Theologie – Aktualität, Düsseldorf 1991

HOFERT, Svenja: Papa ist die beste Mama. Ein Ratgeber zum Rollentausch, Heidelberg 2007

HOFFMANN, Johannes: Entwicklungsland Deutschland. Ansätze und Erfahrungen kirchlicher Solidaritätsarbeit in: Reihe. Theologisch-Ethische Werkstatt. Kontext Frankfurt, Frankfurt/Main 1994(a)

DERS.: Evolution der Solidarität: Ansätze einer Theologie der Befreiung für Reiche und Arme, S. 225-261 in: HOFFMANN (Hg.), 1994(a)b

DERS. (Hg.): Die Vernunft in den Kulturen – Das Menschenrecht auf kultureigene Entwicklung, Frankfurt/Main 1995(a)

DERS.: Möglichkeiten zur Verbesserung interkultureller Kommunikationskompetenz in ökonomischen, gesellschaftlichen und kirchlichen Kontexten, S. 333-402 in: DERS (Hg.), 1995(a)b

HOLZ, Erlend: Alltag in Armut: Zeitverwendung von Familien mit und ohne Armutsrisiko, S. 39-66 in: STATISTISCHES BUNDESAMT, Forum der Bundesstatistik, Bd. 43/2004

HONECKER, Martin: Menschenrechte/Menschenwürde (ethisch), Sp. 1001-1013 in HÜBNER/EURICH u.a. (Hg.), 2016

HONNETH, Axel: Kampf um Anerkennung. Zur moralischen Grammatik sozialer Konflikte, Frankfurt/Main 1992/1994

DERS.: Umverteilung als Anerkennung. Eine Erwiderung auf Nancy Fraser, S. 129-224 in: FRASER/HONNETH, 2003

HOPKINS, Rob: Einfach. Jetzt. Machen!, München 2014

HÖVER, Gerhard/ÖHLSCHLÄGER, Rainer/RISSE, Heinz-Theo/TIEFENBACHER, Heinz (Hg.): Die Würde des Menschen. Die theologisch-anthropologischen Grundlagen der Lehre Papst Johannes Pauls II, Mainz/München 1986

HUBER, Wolfgang/MEIREIS, Torsten/REUTER, Hans-Richard (Hg.): Handbuch der Evangelischen Ethik, München 2015

HÜBNER, Jörg/EURICH, Johannes/HONECKER, Martin u.a. (Hg.): Evangelisches Soziallexikon, Stuttgart 9(2016)

HUSTER, Ernst-Ulrich: Armut und Ausgrenzung als Herausforderung der christlichen Kirchen, S. 395-407 in: EURICH/BARTH/BAUMANN/WEGNER (Hg.), 2011

DERS./BOECKH, Jürgen/MOGGE-GROTJAHN, Hildegard (Hg.): Handbuch Armut und Soziale Ausgrenzung, Wiesbaden 2(2012)

HÜTTER, Reinhard: Evangelische Ethik als kirchliches Zeugnis. Interpretationen zu Schlüsselfragen theologischer Ethik in der Gegenwart, Neukirchen-Vluyn 1993

IGNATIEFF, Michael: Die Politik der Menschenrechte, Hamburg 2002

JÄHNICHEN, Traugott: Gerechtigkeit, S. 63-71 in: ANSELM/KÖRTNER (Hg.), 2015

JAKOB, Johannes: Arbeitsmarkt in zwei Regelkreisen, S. 138-145 in: AUST/BAETHGE-KINSKY/MÜLLER-SCHOELL/WAGNER (Hg.), 2008

JOHNSON, B.: sdq, Spalte 903-924 in: Theologisches Wörterbuch zum Alten Testament Band VI/1989

JÖRKE, Dirk: I prefer not to vote, oder vom Sinn und Unsinn des Wählens in der Postdemokratie, S. 101-119 in: RICHTER/BUCHSTEIN (Hg.), 2017

JÜRGENHAKE, Uwe/SCZESNY, Cordula/WIENGARTEN, Stefanie: Einfache Arbeit – ein unberücksichtigtes Potenzial. Ergebnisse eine Online-Befragung in der Region Westfälisches Ruhrgebiet, S. 14-25 in: SOZIALE INNOVATION GMBH (Hg.), 2015

KAEDING, Michael/PIEPER, Morten/HAUßNER, Stefan: Die soziale Schieflage der Wahlbeteiligung: Politik für die Wählenden, aber nicht für das Volk – die Folgen der sinkenden Wahlbeteiligung (Teil 3/5) in: http://regierungsforschung.de/die-soziale-schieflage-der-wahlbeteiligung-politik-fuer-das-volk-die-folgen-der-sinkenden-wahlbeteiligung-teil-35/ abgerufen am 19.2.2018

KÄFER, Anne: Den Tieren Gerechtigkeit. Martha Nussbaums Tierethik als Prüfstein für ihren „capabilities approach", S. 116-128 in: Zeitschrift für Evangelische Ethik, 56. Jg. (2012)

KDA (Kirchlicher Dienst in der Arbeitswelt im KWA): Hartz-IV-Ökonomie. Wie sich eine Parallelwelt verfestigt, Hannover Juli 2011

DERS.: Reichtum: Du wirst ein Segen sein, Hannover Juli 2013

DERS.: Einfache Arbeit? Der Arbeitsmarkt der Geringqualifizierten, Hannover 2014 (Friedrich-Karrenberg-Haus, Arnswaldtstraße 6, 30159 Hannover)

DERS. (Kirchlicher Dienst in der Arbeitswelt – Nordkirche): Gerechtigkeit in: KDA-Journal 2/2015

KLEIN, Rebekka A.: Nächstenliebe als transgressive Norm. Situationsethik und die Heuristik kontextueller Verhaltensorientierungen, S. 36-48 in: Zeitschrift für Evangelische Ethik 56. Jg. (2012)

KLEIN, Stephanie: Theologie und empirische Biographieforschung. Methodische Zugänge zur Lebens- und Glaubensgeschichte und ihre Bedeutung für eine erfahrungsbezogene Theologie, Stuttgart/Berlin/Köln 1994

KOHLGRÜBER, Michael/SCHRÖDER, Antonius: „Einfache" Arbeit in der Fachdiskussion, S. 6-11 in: SOZIALE INNOVATION GMBH (Hg.), 2015

KONZEPTWERK NEUE ÖKONOMIE & DFG-KOLLEG POSTWACHSTUMSGESELLSCHAFTEN (Hg.): Degrowth in Bewegung(en). 32 alternative Wege zur sozial-ökologischen Transformation, München 2017

KRAUS, Astrid: Grundeinkommen – cui bono? Auswirkungen auf die Höhe des Arbeitnehmereinkommens, S. 61-69 in: EXNER/RÄTZ/ZENKER (Hg.), 2007

KREBS, Angelika: Arbeit und Liebe. Die philosophischen Grundlagen sozialer Gerechtigkeit, Frankfurt/Main 2002

KREHL, Stefan: Transition Town Initiativen im deutschsprachigen Raum: Ein systematischer Überblick über Vorkommen, Schwerpunkte und Einfluss auf die Energiewende vor Ort (Volkswirtschaftliche Schriften der Ernst-Abbe-Hochschule Jena – Fachbereich Betriebswirtschaft Heft 03/2015) unter http://web.eah-jena.de/fhj/bw/forschung/Publikationen/Wirtschaftswissenschaftliche_Schriften/Documents/Heft_03_2015.pdf abgerufen am 27.2.2018

KROCKAUER, Rainer/BOHLEN, Stephanie/LEHNER, Markus (Hg.): Theologie und Soziale Arbeit. Handbuch für Studium, Weiterbildung und Beruf, München 2006

KRÖTKE, Wolf: Die Nächstenliebe, S. 37-38 in: WICHERN-VERLAG (Hg.), 2013

KRÜGGELER, Michael/KLEIN, Stephanie/GABRIEL, Karl (Hg.): Solidarität – ein christlicher Grundbegriff? Soziologische und theologische Perspektiven, Zürich 2005

LADWIG, Bernd: Gerechtigkeit ohne Gleichheit?, S. 39-49 in: MÖHRING-HESSE (Hg.), 2005

LAU, Joachim: Ein Leben mit allen Schikanen. Wie die Hartz-IV-Behörden ihre „Kunden" bedienen – dargestellt am Beispiel Göttingen, S. 113-125 in: BAUER/PLATTA (Hg.), 2012

LEBENSHILFE – LANDESVERBAND BAYERN (Hg. – Doris Rosenkranz/Edmund Görtler): Aktiv für andere – Menschen mit Behinderungen in einem Ehrenamt. Ergebnisse einer empirischen Analyse, Erlangen Oktober 2015 (http://www.ehrenamtsbibliothek.de/literatur/pdf_1185.pdf abgerufen am 8.3.2017)

LEHMKUHL, Dieter: Von der Last zum Segen. Vermögende für eine Vermögensabgabe, S. 23-25 in: KDA, 2013

LEICHT, René/FEHRENBACH, Silke/LEISS, Markus/STROTMANN, Harald/DANN, Sabine: Umfang, Entwicklung und Potenziale an Einfacharbeitsplätzen in der Region Rhein-Neckar. Abschlussbericht Teil 1. Institut für Mittelstandsforschung, Universität Mannheim und Institut für angewandte Wirtschaftsforschung, Tübingen, 2004

LENHART, Karin: Soziale Bürgerrechte unter Druck. Die Auswirkungen von Hartz IV auf Frauen, Wiesbaden 2009

LENZE, Anne: „Die Sozialleistungen laufen ins Leere". 40 Prozent aller Alleinerziehenden leben von Hartz IV, S. 8-9 in: Schattenbericht der Nationalen Armutskonferenz in: **strassen**|feger 16.10.15, 8-9

LESSMANN, Ortrud: Konzeption und Erfassung von Armut. Vergleich des Lebenslage-Ansatzes mit Sens „Capability"-Ansatz, Berlin 2007

LEVINAS, Emmanuel: Ethik und Unendliches. Gespräche mit Philippe Nemo, Wien 1992

LIEBIG, Stefan/LIPPL, Bodo: Streit um die Gerechtigkeit – und was denken die Leute?; S. 13-38 in: MÖHRING-HESSE (Hg.), 2005

LIEBSCH, Burkhard: Sinn für Ungerechtigeit im Streit um Gerechtigkeit, S. 118-133 in: MÖHRING-HESSE (Hg.), 2005

LIENKAMP. Andreas: Parteinahme für eine Solidaritt mit den Armen. Impulse einer Theologie Sozialer Arbeit für die Gesellschaft, S. 263-274 in: KROCKAUER/BOHLEN/LEHNER (Hg.), 2006

LIMBECK, Meinrad: Der kleine Weg der größeren Gerechtigkeit. Die Inkarnation Gottes als Ausgangspunkt einer neuen Schöpfung, S. 158-163 in: Bibel und Kirche 4/1989

LINDEN, Markus/THAA, Winfried (Hg.): Ungleichheit und politische Repräsentation, Baden-Baden 2014

LINK-WIECZOREK, Ulrike/MIGGELBRINK, Ralf u.a.: Nach Gott im Leben fragen. Ökumenische Einführung in das Christentum, Gütersloh/Freiburg i. Br. 2004

LOHFINK, Norbert: Unsere großen Wörter. Das Alte Testament zu Themen dieser Jahre, Freiburg i. Br. 1977/3(1985)

DERS.: Liebe. Das Ethos des Neuen Testaments – erhabener als das des Alten?, S. 225-240 in: DERS., 1977/3(1985)

DERS.: Die Armenfrömmigkeit im Psalter und in den Hodajot von Qumran, 110 S., MS Frankfurt/Main 1988

MACK, Elke: Globale Solidarität mit den Armen, S. 297-336 in: GABRIEL (Hg.), 2007

MARGALIT, Avishai (aus dem Amerikanischen von Gunnar Schmidt und Anne Vonderstein): Politik der Würde. Über Achtung und Verachtung, Berlin 2(1997)

MARKS, Stephan: Scham – die tabuisierte Emotion, Düsseldorf 2007

MARTENS, Rudolf: Armut im Überfluss: Was uns das Wachsen der Tafeln über Armut in Deutschland verrät, S. 145-174 in: SCHNEIDER (Hg.), 2015

MASCHKOWSKI, Gesa: Vom Verbraucher zum Change Agent: Impulse der Transition-Town-Bewegung für eine große Transformation aus salutogenetischer Perspektive, S. 19-39 in: BALA, Christian (Ed.); SCHULDZINSKI, Wolfgang (Ed.); Verbraucherzentrale Nordrhein-Westfalen e.V. (Ed.): Der verantwortungsvolle Verbraucher. Aspekte des ethischen, nachhaltigen und politischen Konsums, Düsseldorf 2015 (Beiträge zur Verbraucherforschung 3) unter: https://www.ssoar.info/ssoar/bitstream/handle/document/46690/Der_verantwortungsvolle_Verbraucher_E-Book_V01_019-040_Beitrag-1.pdf?sequence=1 abgerufen am 27.2.2018

MASCHKOWSKI, Gesa/WANNER, Matthias: Die Transition-Town-Bewegung – Empowerment für die große Transformation? in: pnd|online II|2014. Ein Magazin mit Texten und Diskussionen zur Entwicklung von Stadt und Region (www.planung-neu-denken.de) unter: https://epub.wupperinst.org/frontdoor/deliver/index/docId/5626/file/5626_Maschkowski.pdf abgerufen am 27.2.2018

MASCHKOWSKI, Gesa/RISTIG-BRESSE, Stephanie/HABLE, Silvia/ROST, Norbert/SCHEM, Michael: Transition-Initiativen: Vom Träumen, Planen, Machen und Feiern des Wandels, den wir selbst gestalten, S. 368-379 in: KONZEPTWERK NEUE ÖKONOMIE & DFG-KOLLEG POSTWACHSTUMSGESELLSCHAFTEN (Hg.), 2017

MEIREIS, Torsten: Ethik des Sozialen, S. 265-329 in: HUBER/MEIREIS/REUTER (Hg.), 2015

METHMANN, Chris: Vom Straffen des Gürtels zu einem Leben ohne Gürtel, S. 186-193 in: EXNER/RÄTZ/ZENKER (Hg.), 2007

MEYER-SIEBERT, Jutta: Über die Notwendigkeit von Arbeitszeitverkürzung *und* Arbeitszeitverlängerung. Plädoyer für einen Standpunktwechsel in der Arbeitszeitdebatte, S. 201-211 in: BAUER/PLATTA (Hg.), 2012

MEYER-STROMFELDT, Bernd: Wider die Diktatur des Eigentums, S. 53-57 in: JUNGE.KIRCHE 2/2012

MIERZWA, Roland: Die Arbeiter im Weinberg, S. 57-60 in: BOLLER/JANOWSKI (Hg.), 1998

DERS.: Compassion – Zwischen Mit-Leid, Mitgefühl und Barmherzigkeit, Hamburg 2014

DERS.: „Option für die Armen" angesichts der Globalisierung. Der Konsultationsprozess der deutschen Kirchen zu wirtschaftlichen und sozialen Fragen, Norderstedt 2016 a

DERS.: Bildung auf der Seite der Armen, Arbeitslosen und Benachteiligten, Norderstedt 2016 b

Menschsein unter Mitmenschen. Strukturelemente einer Theorie der Solidarität, Erkelenz 2017

MIERZWA, Sara: Wie wird mein Tag genießbar? Gustav Faschung ist schon lange arbeitslos. Sein Halt sind Jesus, die Musik und seine Gemeinde, S. 15 in: Glaube und Leben 13. Nov. 2016

MIETH, Dietmar (Hg.): Christliche Sozialethik im Anspruch der Zukunft. Tübinger Beiträge zur katholischen Soziallehre, Freiburg i. Ue/Freiburg i. Br. 1992

MILBORN, Corinna: Grundeinkommen: Der große Haken Migration, S. 255-260 in: EXNER/RÄTZ/ZENKER (Hg.), 2007

MOCZALL, Andreas/REBIEN, Martina: Auf den Zweck kommt es an. Einschätzung der Ein-Euro-JOBS durch die Einsatzbetriebe, 8 Seiten in: IAB-Kurzbericht 23/2015 (http://doku.iab.de/kurzber/2015/kb2315.pdf)

MÖHRING-HESSE, Matthias (Hg.): Streit um die Gerechtigkeit. Themen und Kontroversen im gegenwärtigen Gerechtigkeitsdiskurs, Schwalbach/Ts. 2005

DERS.: Gut gegen richtig – Eine Debatte über die Grundlagen der Gerechtigkeit, S. 77-93 in: DERS. (Hg.), 2005(a)b

DERS.: Diakonische Inklusion. Die Option für die Armen unter den Bedingungen des aktivierenden Sozialstaates, 64 Seiten in: Ethik und Gesellschaft 1/2007 Prekariat (http://www.ethik-und-gesellschaft.de/pdf-aufsaetze/EuG_1_2007_6.pdf abgerufen am 6.7.16)

MOSLEY, Hugh: Zwischen zwei Regelkreisen – die Neuausrichtung der Arbeitsvermittlung im Kundenzentrum, S. 124-137 in: AUST/BAETHGE-KINSKY/MÜLLER-SCHOELL/WAGNER (Hg.), 2008

MÜLLER-SCHOELL, Till/AUST, Judith: Einleitung: Die Wiederaneignung des Diskurses über die Richtung der Arbeitsmarktpolitik, S. 9-24 in: AUST/BAETHGE-KINSKY/MÜLLER-SCHOELL/WAGNER (Hg.), 2008

MUNSCH, Chantal: Engagement und Ausgrenzung – theoretische Zugänge zur Klärung eines ambivalenten Verhältnisses, S. 48-55 in: Forschungsjournal Soziale Bewegungen 3/2011

NATIONALE ARMUTSKONFERENZ: Zehn Jahre Hartz IV – zehn verlorene Jahre (Schattenbericht) in: **strassen**|feger 16.10.15

NEUMANN, Matthias/WINKER, Gabriele: Care Revolution: Ressourcen für Sorgearbeit erkämpfen, S. 84-95 in: KONZEPTWERK NEUE ÖKONOMIE & DFG-KOLLEG POSTWACHSTUMSGESELLSCHAFTEN (Hg.), 2017

NIERLING, Linda: Anerkennung in erweiterter Arbeit. Eine Antwort auf die Krise der Erwerbsarbeit?, Berlin 2013

PATERNOGA, Dagmar: Die Krise als Chance für Frauen und Männer?, S. 37-45 in: EXNER/RÄTZ/ZENKER (Hg.), 2007

PETERMANN, Anke: Wählen? – Nein, Danke! Keine Wahl im abgehängten Asternweg, 21.8.2017 in: http://www.deutschlandfunkkultur.de(waehlen-nein-danke-keine-wahl-im-abgehaengten-asternweg.1001.de.html?dram:article_id=393962 abgerufen am 19.2.2018

PFANNKUCHE, Walter: Gerechtigkeit und Chancengleichheit, S. 50-62 in: MÖHRING-HESSE (Hg.), 2005

PLATTA, Holdger: Auf dem Weg in einen „kalten Faschismus“?, S. 21-39 in: BAUER/PLATTA (Hg.), 2012 a

DERS.: Kleinrechnerei als Großbetrug, S. 157-174 in: BAUER/PLATTA (Hg.), 2012 b

PRECHEL, Kerstin: Arbeitslosigkeit und Ehrenamt. Eine wirtschaftsethische Analyse zu Tätigkeit und Würde, Berlin 2015

PRÖPPER, Thomas: Autonomie und Solidarität. Begründungsprobleme und sozialethische Verpflichtung, S. 95-112 in: ARENS (Hg.), 1995

PRÜLLER-JAGENTEUFEL, Gunter M. Solidarität als Einsatz für (soziale) Gerechtigkeit. Die Perspektive christlicher Sozialethik, S. 193-208 in: KRÜGGELER/KLEIN/GABRIEL (Hg.), 2005

PUFÉ, Iris: Nachhaltigkeit, Konstanz/München 3(2017)

RÄTZ, Werner/PATERNOGA, Dagmar/STEINBACH, Werner: Grundeinkommen: Bedingungslos, Hamburg 2005 (AttacBassisTexte 17)

RÄTZ, Werner/PATERNOGA, Dagmar: Zukunftsmodell Grundeinkommen? Recht auf Teilhabe, soziale Sicherung und ein wenig Utopie, Hamburg 2017 (AttacBasisTexte 50)

REIF, Franziska/PRÜWER, Tobias: A wie Asozial. So demontiert Hartz IV den Sozialstaat, Marburg 2014

RICHTER, Hedwig/BUCHSTEIN, Hubertus (Hg.): Kultur und Praxis der Wahlen. Eine Geschichte der modernen Demokratie, Wiesbaden 2017

RICHTER, Horst E.: Lernziel Solidarität, Hamburg 7(1978)

RÖMISCH, Kathrin: Arbeit für Alle?! Aktionspläne zur Umsetzung der UN-Konvention für Arbeitgeber*innen aus der Perspektive der Disability Studies, S. 139-153 in: BRUHN/HOMANN/JUDITH/TEUFEL (Hg.), 2018

RÜGER, Ekkehard: Arbeitslose Frauen werden bei der Qualifizierung benachteiligt in: Westdeutsche Zeitung 11.12.2017

SCHÄFER, Armin: Der Verlust politischer Gleichheit. Warum ungleiche Beteiligung der Demokratie schadet, S. 547-566 in: ARMINGEON (Hg.), 2013

SCHIPPER, Lena: Umverteilung im Sozialstaat. Einwanderung macht unsolidarisch. Je mehr Ausländer in einer Gesellschaft leben, umso geringer wird offenbar die Bereitschaft, zugunsten der Armen umzuverteilen. Woran liegt das?, 6.3.2016 FAZ.NET (http://www.faz.net/aktuell/wirtschaft/arm-und-reich/auslaenderanteil-einwanderung-macht-unsolidarisch-14107817.html abgerufen am 6.8.16)

SCHNABL, Christa: Von der Gleichstellung zur Gerechtigkeit? Zu Verschiebungen in den sozialethischen Leitkategorien durch Gender Mainstreaming, S. 63-76 in: MÖHRING-HESSE (Hg.), 2005

SCHNEIDER, Friedrich/VOLKERT, Jürgen: Politische Chancen, Armut und Reichtum, S. 259-281 in: VOLKERT (Hg.), 2005(a)

SCHNEIDER, Ulrich (Hg.): Kampf um die Armut. Von echten Nöten und neoliberalen Mythen, Frankfurt/Main 2015 a

DERS.: Armut kann man nicht skandalisieren, Armut ist der Skandal! Vom Kampf um die Deutungshoheit über den Armutsbegriff, S. 12-50 in: DERS (Hg.), 2015a(b)

SCHOLTES, Fabian: Warum es um Verwirklichungschancen gehen *soll*. Amartya Sens Capability-Ansatz als normative Ethik des Wirtschaftens, S. 23-45 in: VOLKERT (Hg.), 2005(a)

SCHRAGE, Wolfgang (Hg.): Studien zum Text und zur Ethik des Neuen Testaments, Berlin/New-York 1986

SCHROEDER, Hans-Hartmut: Haben Jesu Worte über Armut und Reichtum Folgen für das soziale Verhalten?, S. 397-409 in: SCHRAGE (Hg.), 1986

SCHULZ, Claudia: Ausgegrenzt und abgefunden? Innenansichten der Armut. Eine empirische Studie, Münster/Berlin 2007

DIES.: Arme Menschen in der Kirche und ihren Gemeinden. Das Engagement für Betroffene im Spannungsfeld von professioneller Hilfeleistung und Kirchenentwicklung am Beispiel der Aktion Vesperkirche, S. 280-297 in: EURICH/BARTH/BAUMANN/WEGNER (Hg.), 2011

SCHUPP, Antje: Grundeinkommen zwischen Selbstverwirklichung und traditioneller Hausarbeit, S. 86-93 in: EXNER/RÄTZ/ZENKER (Hg.), 2007

SCHWEIZERISCHER KATHOLISCHER FRAUENBUND: Positionspapier Haus- und Familienarbeit, 2003? (http://www.frauenbund.ch/fileadmin/user_upload/Files/PDF/Positionspapiere/Haus-_und_Familienarbeit.pdf abgerufen am 9.3.17)

SEGBERS, Franz: Wie Armut in Deutschland Menschenrechte verletzt, Oberursel April 2016

SELKE, Stefan: Schamland. Die Armut mitten unter uns, Berlin 2013/2015

DERS.: Markt des guten Gefühls – „Tafeln" als moralische Dienstleister, S. 22 in: **strassen**|feger 16.10.15

DERS./MAAR, Katja: Grenzen der guten Tat. Ergebnisse der Studie „Evaluation existenzunterstützender Angebote in Trägerschaft von katholischen und caritativen Anbietern in Nordrhein-Westfalen", S. 15-91 in: CARITAS IN NRW (Hg.), 2011

SELL, Stefan: Das ist keine Armut, sondern „nur" Ungleichheit? Plädoyer für eine „erweiterte Armutsforschung" durch eine explizit ökonomische Kritik der Ungleichheit, S. 84-108 in: SCHNEIDER (Hg.), 2015

SEN, Amartya (aus dem Englischen von Christiana Goldmann): Ökonomie für den Menschen. Wege zu Gerechtigkeit und Solidarität in der Marktwirtschaft, München/Wien 2000

DERS. (aus dem Englischen von Christa Krüger): Die Idee der Gerechtigkeit, München 2010

da SILVA GORGULHO, Gilberto: Biblische Hermeneutik, S. 155-187 in: ELLACURIA/SOBRINO (Hg.), 1990/1995

SIMONSON, Julia/VOGEL, Claudia/TESCH-RÖMER, Clemens (Hg.): Freiwilliges Engagement in Deutschland. Der Deutsche Freiwilligensurvey 2014, Wiesbaden 2017

DIES./HAMEISTER, Nicole: Sozioökonomischer Status und freiwilliges Engagement, S. 439-464 in: SIMONSON/VOGEL/TESCH-RÖMER (Hg.), 2017

SÖDING, Thomas: Das Liebesgebot. Eine ethische Orientierung an der Bibel (Neutestamentliche Master-Vorlesung im Wintersemester 2013/2014 an der Ruhr-Universität-Bochum), 48 Seiten (http://www.ruhr-uni-bochum.de/imperia/md/content/nt/nt/aktuellvorlesungen/vorlesungsskriptedownload/vl-skriptews1314/skript_liebesgebot_ws_201314.pdf abgerufen am 25.1.17)

SOZIALE INNOVATION GMBH (Dortmund) (Hg.): „Wichtiger als gedacht?!" Einfacharbeitsplätze: Auslaufmodell oder Beschäftigungsperspektive. Ergebnisse des Projektes „Einfacharbeitsplätze pro Beschäftigung" im Westfälischen Ruhrgebiet, Dortmund 2015 (zu beziehen über Sozialforschungsstelle Dortmund der Technischen Universität Dortmund)

SOZIALWISSENSCHAFTLICHES INSTITUT DER EKD (SI): Solidarische Gemeinde. Eine Arbeitshilfe zum Thema Armut, Hannover 2014

SPIEß, Christian: Solidarität als Maximalmoral, S. 523-539 in: GROßE KRACHT/SPIEß (Hg.), 2008

STAHMER, Carsten: Halbtagsgesellschaft – Anregungen für sozial nachhaltiges Deutschland, Bielefeld: Zentrum für interdisziplinäre Forschung 2006

DERS.: „Die Halbtagsgesellschaft – Vision eines sozial nachhaltigen Deutschland", S. 366-372 in: Ernährung im Fokus 7/2007

STANDING, Guy (aus dem Englischen von Sven Wunderlich): Prekariat. Die neue explosive Klasse, Münster 2015

STIERLE, Steffen: Reichtum & Armut: eine Verteilungsfrage, Hamburg 2010 (AttacBasisTexte 34)

STIGLITZ, Joseph: Reich und Arm. Die wachsende Ungleichheit in unserer Gesellschaft, München 2015

STRAUBHAAR, Thomas: Radikal gerecht. Wie das bedingungslose Grundeinkommen den Sozialstaat revolutioniert, Hamburg 2017 (edition Körber-Stiftung)

DERS.: Realistisch und pragmatisch. Das Grundeinkommen ist die Antwort auf die Herausforderungen der Zukunft, S. 12-13 in: **zeit**zeichen 12/2017(b)

SUESS, Paulo. Über die Unfähigkeit der Einen, sich der Anderen zu erinnern, S. 64-94 in: ARENS (Hg.), 1995

SWIERZAWSKI, Waclaw: Die Würde des Menschen. Über die theologisch-anthropologischen Grundlagen der Lehre Papst Johannes Paul II, S. 77-91 in: HÖVER/ÖHLSCHLÄGER/RISSE/TIEFENBACHER (Hg.), 1986

TERSTEGGE, Marlies: Bring Flow in dein Leben. Der aktive Weg zum Glück, Ostfildern 2014

THEOBALD, Michael: Die Arbeiter im Weinberg (Mt 20, 1-16). Wahrnehmung sozialer Wirklichkeit und Rede von Gott, S. 107-127 in: MIETH (Hg.), 1992

TOBLER, Sibylle: Arbeitslose beraten unter Perspektiven der Hoffnung. Lösungsorientierte Kurzberatung in beruflichen Übergangsprozessen, Stuttgart 2004

TODOROV, Tzvetan: Abenteuer des Zusammenlebens. Versuch einer allgemeinen Anthropologie, Berlin 1996

TRENK-HINTERBERGER, Peter: Arbeit, Beschäftigung und Ausbildung, S. 105-117 in: DEGENER/DIEHL (Hg.), 2015

TÜGEL, Hanne: Transition Town: Testfall Totnes, o.D. unter: https://www.geo.de/natur/nachhaltigkeit/5554-rtkl-transition-town-testfall-totnes abgerufen am 27.2.2018

ULFIG, Alexander: Die Überwindung des Individualismus. Versuch einer Lebensorientierung, Essen 2003

VEHRKAMP, Robert: Neue Schätzungen zur Wahlbeteiligung sozialer Milieus bei der Bundestagswahl 2013, S. 44-47 in: WZB Mitteilungen, Heft 149, September 2015

DERS.: Sozial gespaltene Demokratie, 24. Februar 2016 in: https://www.boell.de/de/2016/02/24/sozial-gespaltene-demokratie abgerufen am 19.2.2018

VIEWEG, Barbara: Es soll einen Arbeits-Markt-für-Alle geben. Deshalb muss man Vieles anders machen, S. 98-138 in: BRUHN/HOMANN/JUDITH/TEUFEL (Hg.), 2018

VOIGTLÄNDER, Leiv Erik: Armut und Engagement. Zur zivilgesellschaftlichen Partizipation von Menschen in prekären Lebenslagen, Bielefeld 2015

VOLKERT, Jürgen (Hg.): Armut und Reichtum an Verwirklichungschancen. Amartya Sens Capability-Konzept als Grundlage der Armuts- und Reichtumsberichterstattung, Wiesbaden 2005 a

DERS.: Das Capability-Konzept als Basis der deutschen Armuts- und Reichtumsberichterstattung, S. 119-147 in: DERS. (Hg.), 2005(a)b

VOSS, Elisabeth (NETZ für Selbstverwaltung und Selbstorganisation e.V. [Hg.]): Wegweiser Solidarische Ökonomie. !Anders Wirtschaften ist möglich!, Neu-Ulm 2015

WAGNER, Thomas: Draußen – Leben mit Hartz IV. Eine Herausforderung für die Kirche und ihre Caritas, Freiburg i. Br. 2008

WEGNER, Gerhard: Eine Kapitulation vor den Problemen. Das bedingungslose Grundeinkommen würde die Gesellschaft weiter spalten, S. 13-14 in: **zeit**zeichen 12/2017

WELZ, Claudia: Menschenwürde, Blickwechsel und Schamgefühl. Ethische Implikationen menschlicher Un-Sichtbarkeit, S. 21-39 in: Zeitschrift für Evangelische Ethik 58. Jg. (2014)

WERNER, Götz/GOEHLER, Adrienne: 1000€ für jeden. Freiheit. Gleichheit. Grundeinkommen, Berlin 2(2010)

WICHERN-VERLAG (Hg.): Aus Glauben handeln – Ethik. Ein evangelischer Glaubenskurs in 51 Kapiteln, Berlin 2013

WIDE-Debattierclub (www.wide-network.ch.): Aus Sicht der feministischen Ökonomie: Kritische Einwände zum bedingungslosen Grundeinkommen, 9 Seiten Mai 2012

WINKELMANN, Bernd: Neue Arbeits- und Sozialkultur, S. 154-170 in: AKADEMIE SOLIDARISCHE ÖKONOMIE (Hg.): Harald Bender/Norbert Bernholt/ Bernd Winkelmann: Kapitalismus und dann? Systemwandel und Perspektiven gesellschaftlicher Transformation, München 2012

WINKER, Gabriele: Care Revolution. Schritte in eine solidarische Gesellschaft, Bielefeld 2015

WOLTERS, Minka: Besonders normal. Wie Inklusion gelebt werden kann, 2014

ZAHRADNIK, Franz/SCHREYER, Franziska/MOCZALL, Andreas/GWSCHIND, Lutz/TRAPPMANN, Mark: Wenig gebildet, viel sanktioniert? Zu Selektivität von Sanktionen in der Grundsicherung des SGB II in: Zeitschrift für Sozialreform 2/2016

5. Danksagung

Für diese Publikation machten mit dankenswerterweise viele Personen/Institutionen/Einrichtungen Quellenhinweise, Bücher und Zeitschriften sowie sonstige Materialen zugänglich. Dadurch konnte diese Untersuchung erst diese Qualität gewinnen, die sie hat. Ich möchte erwähnen: den Diözesan-Caritasverband für das Erzbistum Köln e.V., die Hans-Böckler-Stiftung, das Wissenschaftszentrum Berlin, das Statistische Bundesamt, Susanne Böttger vom EhrenamtNetzwerk Schleswig-Holstein, Dr. René Leicht vom Institut für Mittelstandsforschung (Universität Mannheim), Barbara Schmidt von der Sozialforschungsstelle Dortmund (Technische Universität Dortmund)

Die Stadtbibliothek Flensburg unterstützte mich. Durch großen Einsatz machten die Mitarbeiter/-innen mir zahlreiche Publikationen über die Fernleihe zugänglich.

Meine Tochter Sara begutachtete dankenswerterweise sprachlich und inhaltlich den Text. Aber letztlich blieb die Verantwortung für den publizierten Text bei mir.

Und indem ich als Tafelkunde finanzielle Spielräume für die wissenschaftliche Tätigkeit gewinne, war es mir wieder möglich, weiter zu forschen und zu publizieren.

Die Zuwendungen von Sr. Dorothea Graf, Sr. Susanne Henke, Br. Heinz & Sr. Heike König, Sr. Heidelore Müller, Sr. Ingeborg Schwerdtfeger, Sr. Bärbel Westphal und weiteren Personen ermöglichten dankenswerterweise die Drucklegung.

Zeitfracht Medien GmbH
Ferdinand-Jühlke-Straße 7
99095 Erfurt, Deutschland
produktsicherheit@kolibri360.de